W0312443

Une seule église

Pape François
Benoît XVI
Pape émérite

Une seule église

Présenté
par
Le cardinal Pietro Parolin

LES ÉDITIONS DU CERF

© 2020 Libreria Editrice Vaticana – Cité du Vatican
© 2020 Mondadori Libri S.p.A., Milan
Tous droits réservés

Pour la présente édition
© *Les Éditions du Cerf*, 2020
www.editionsducerf.fr
24, rue des Tanneries
75013 Paris
ISBN : 978-2-204-14299-1

Présentation

Dans le discours solennel d'ouverture du concile Vatican II, le pape Jean XXIII déclarait que le Concile « veut transmettre dans son intégrité, sans l'affaiblir ni l'altérer, la doctrine catholique », proposée « à tous les hommes de bonne volonté comme un riche trésor qui est à leur disposition. Cependant, ce précieux trésor, nous ne devons pas seulement le garder comme si nous n'étions préoccupés que du passé [...] ; il faut que cette doctrine certaine et immuable, qui doit être respectée fidèlement, soit approfondie et présentée de la façon qui réponde aux exigences de notre époque. En effet, autre est le dépôt lui-même de la foi, c'est-à-dire les vérités contenues dans notre vénérable doctrine, et autre est la forme sous laquelle ces vérités sont énoncées, en leur conservant toutefois le même sens et la même portée ».

C'est là l'interprétation authentique du Concile donnée par le Pontife qui l'a ouvert, partagée par le pape qui l'a conclu, Paul VI, et exprimée par le pape Benoît XVI dans sa formule : « la nouveauté dans la continuité ».

Et cette continuité du Magistère papal est la voie suivie et portée par le pape François, qui, dans les moments les plus solennels de son pontificat, s'est toujours rappelé à l'exemple de ses prédécesseurs.

Dans son discours donné à la fin du Synode pour la Famille (2015), quelques semaines avant l'inauguration du Jubilé Extraordinaire de la Miséricorde, le pape François rappelait que « les vrais défenseurs de la doctrine ne sont pas ceux qui défendent la lettre mais l'esprit ; pas les idées mais les hommes ; pas les formules mais la gratuité de l'amour de Dieu et de son pardon », évoquant les « magnifiques paroles » de Paul VI : « Nous pouvons donc penser que chaque péché ou le fait de fuir de Dieu allume en lui une flamme d'amour plus intense, un désir de nous récupérer et de nous réinsérer dans son plan de salut. [...]. Dieu, en Christ, se révèle infiniment bon [...]. Dieu est bon. Et pas seulement en soi ; Dieu est – avouons-le en pleurant – bon pour nous. Il nous aime, nous cherche, nous pense, nous connaît, nous inspire et nous attend : il sera – si on peut le dire – heureux le jour où nous reviendrons et dirons : "Seigneur, dans ta bonté, pardonne-moi". Ici donc, notre repentir devient la joie de Dieu. » Immédiatement après, le pape François citait Jean-Paul II (« L'Église vit une vie authentique lorsqu'elle professe et proclame miséricorde [...] et lorsqu'elle approche les hommes des sources de la miséricorde du Sauveur, dont elle est la gardienne et la dispensatrice ») et Benoît XVI (« La miséricorde est en réalité le noyau central du message évangélique, c'est le nom même de Dieu [...]. Tout ce que l'Église dit et fait, manifeste la miséricorde de Dieu pour l'homme. Quand l'Église doit rappeler une vérité méconnue, ou un bien trahi, elle le fait toujours poussée par un amour miséricordieux, afin que les hommes puissent avoir la vie et l'aient en abondance » voir Jn 10, 10).

Cette continuité théologique, toujours soulignée, prend parfois des traits singuliers, presque prophétiques. Dans son discours aux curés et au clergé de Rome, trois jours après l'annonce de sa démission, le pape Benoît XVI a rappelé que dans les phases préparatoires du concile Vatican II, alors qu'il était un jeune professeur à l'université de Bonn, il avait été nommé par l'archevêque de Cologne, le cardinal Frings, pour élaborer le projet d'une conférence intitulée « Le Concile et le monde de la pensée moderne ».

Le cardinal Frings a tellement apprécié le projet qu'à Gênes, lors d'une conférence organisée par le cardinal Siri, il a lu le texte exactement tel qu'il avait été rédigé par le jeune professeur Ratzinger. Peu de temps après, raconte Benoît XVI, le pape Jean l'invita à le rejoindre ; le cardinal eut peur d'avoir peut-être dit quelque chose d'incorrect, de faux, d'être convoqué pour une réprimande, voire pour qu'on lui enlève sa pourpre. Ainsi, quand son secrétaire l'habilla pour l'audience, le cardinal lui dit : « Peut-être que je porte cette robe pour la dernière fois. » Puis il entra. Le pape Jean vint à sa rencontre, l'embrassa, et lui dit : « Merci, Éminence, vous avez dit les choses que je voulais dire, mais je n'avais pas trouvé les mots. » Jean XXIII s'était reconnu dans les paroles écrites par un jeune professeur allemand qui monterait sur le trône de Pierre un demi-siècle plus tard !

Quant à Benoît XVI et au pape François, la continuité naturelle du Magistère papal revêt une particularité unique en son genre : la présence d'un pape émérite en prière à côté de son successeur. Dans les rares interventions publiques de ces dernières années, le pape émérite n'a jamais manqué de souligner la particularité et le « style » du ministère du pape François : « Sa pratique pastorale », a-t-il déclaré lors d'un entretien avec le jésuite belge Jacques Servais, « s'exprime précisément dans le fait qu'il nous parle continuellement de la miséricorde de Dieu. C'est la miséricorde qui nous pousse vers Dieu, tandis que la justice nous fait craindre sa présence. À mon avis, cela met en évidence que sous la patine de sa confiance en soi et de sa propre justice, l'homme d'aujourd'hui cache une profonde connaissance de ses blessures et de son indignité devant Dieu. Il attend avec impatience sa miséricorde. »

Continuité du Magistère et particularités dans le style pastoral, donc ; mais entre Benoît et François il y a d'abord une vive communauté d'affection.

Lors de l'émouvante cérémonie du soixante-cinquième anniversaire de l'ordination sacerdotale de Benoît XVI, le pape François s'adressa à son prédécesseur et souligna qu'« en vivant et en témoignant aujourd'hui d'une manière si intense et lumineuse de cette chose vraiment décisive – avoir le regard et le cœur tourné vers Dieu – Vous, Sainteté, continuez à servir l'Église et ne cessez de contribuer vraiment avec vigueur et sagesse à sa croissance ; et vous le faites depuis ce petit monastère Mater Ecclesiae, au Vatican, qui se révèle donc être tout sauf l'un de ces coins oubliés dans lesquels la culture du jetable d'aujourd'hui tend à reléguer les gens quand, avec l'âge, leurs forces manquent.

C'est tout le contraire. Et permettez que cela soit dit avec force par votre successeur qui a choisi de s'appeler François ! Parce que si le chemin spirituel de saint François a bien commencé à San Damiano, le véritable lieu aimé, le cœur battant de l'Ordre, là où il l'a fondé et où il a finalement donné sa vie à Dieu fut la *Portioncule*, la "petite portion", le petit coin qui est tout près de la Mère de l'Église, Marie, qui grâce à sa foi et à sa vie pleine d'amour, d'amour dans le Seigneur, sera appelée "bienheureuse" par toutes les générations.

Ainsi, la Providence a voulu que vous, cher confrère, arriviez dans un lieu, pour ainsi dire proprement "franciscain", d'où émanent tranquillité, paix, force, confiance, maturité, foi, dévouement et fidélité qui me font tant de bien et me donnent tant de forces à moi et à toute l'Église. Et j'ajoute à cela un sens de l'humour sain et joyeux qui vous caractérise. »

La réponse du pape émérite à François est une extraordinaire manifestation de tendresse : « Votre bonté, dès le premier moment de votre élection, à chaque instant de ma vie ici, me touche, me porte dans ma vie intérieure. Plus que dans les jardins du Vatican, avec toute leur beauté, votre bonté est le lieu où j'habite : je me sens protégé. »

Ce livre est un signe durable de cette proximité intime et profonde, présentant côte à côte les voix de Benoît XVI et du pape François sur des questions cruciales. C'est un « abécédaire du christianisme » pour se réorienter sur la foi, l'Église, la famille, la prière, la vérité et la justice, la miséricorde et l'amour. La consonance spirituelle des deux Pontifes et la diversité de leur style de communication multiplient les perspectives et enrichissent l'expérience des lecteurs : non seulement les fidèles mais toutes les personnes qui, dans une époque de crise et d'incertitude, reconnaissent dans l'Église une voix capable de parler des besoins et des aspirations de l'homme.

PIETRO PAROLIN
Cardinal Secrétaire d'État

Avertissement

Ce livre présente seize catéchèses du mercredi de Benoît XVI accompagnées de passages similaires du pape François. Il est significatif que tous les textes proviennent de ce moment « didactique » par excellence où, semaine après semaine, le Pontife adresse son enseignement aux fidèles en audience générale. Des cinq parties qui structurent l'ouvrage, les quatre premières correspondent à des cycles de catéchèse (*Église et Famille*, donné par le pape François, *La prière* par Benoît XVI et *La Foi* par les deux, au tournant de 2013), tandis que la cinquième *(Vérité et Justice, miséricorde et amour)* touche à d'autres thèmes fondamentaux traités dans différents cycles.

Chaque partie comprend trois paires de textes (seule la dernière en a quatre), unifiés par un titre qui annonce un thème commun. Les petits « chapeaux » éditoriaux se veulent un guide de lecture : ils indiquent les particularités du « style » théologique et pastoral des deux auteurs et proposent une comparaison et une synthèse de leurs perspectives.

LA FOI

Qu'est-ce que la foi ?

Avoir la foi, pour Benoît XVI, « c'est me confier à Dieu avec l'attitude d'un enfant qui sait bien que toutes ses difficultés, tous ses problèmes trouvent leur solution dans le "toi" de la mère ». Le pape François rappelle aux chrétiens que sans la foi en la résurrection du Christ, on aboutit à une foi « à l'eau de rose » ; et que, comme dans le récit évangélique, la mission des femmes est « de rendre témoignage à leurs enfants, à leurs petits-enfants, que Jésus est vivant, il est le vivant, il est ressuscité ».

BENOÎT XVI
Se fonder sur un « toi » qui me donne confiance

Qu'est-ce que la foi ? La foi a-t-elle encore un sens dans un monde où science et technique ont ouvert des horizons encore impensables il y a peu ? Que signifie croire aujourd'hui ? En effet, à notre époque est nécessaire une éducation renouvelée à la foi, qui comprenne certes une connaissance de ses vérités et des événements du salut, mais qui naisse surtout d'une véritable rencontre avec Dieu en Jésus Christ, du fait de l'aimer, de lui faire confiance, afin que toute notre vie s'en trouve impliquée.

Aujourd'hui, à côté de nombreux signes de bien, croît aussi autour de nous un certain désert spirituel. Parfois, on a comme la sensation, en apprenant chaque jour certains événements, que le monde ne va pas vers la construction d'une communauté plus fraternelle et plus pacifique ; les idées mêmes de progrès et de bien-être montrent elles aussi leurs ombres. Malgré la grandeur des découvertes de la science et des succès de la technique, aujourd'hui, l'homme ne semble pas être devenu vraiment plus libre, plus humain ; tant de formes d'exploitation demeurent, de manipulation, de violence, de vexation, d'injustice… Un certain type de culture, par ailleurs, a éduqué à agir uniquement dans l'horizon des choses, du faisable, à croire uniquement ce que l'on voit et ce que l'on touche de ses propres mains. D'autre part, toutefois, grandit également le nombre de ceux qui se sentent désorientés et, dans la recherche d'aller au-delà d'une vision uniquement horizontale de la réalité, sont disposés à croire à tout et à son contraire. Dans ce contexte, refont surface certaines questions fondamentales qui sont bien plus concrètes qu'elles n'apparaissent à première vue : quel sens cela a-t-il de vivre ? Y a-t-il un avenir pour l'homme, pour nous et pour les nouvelles générations ? Dans quelle direction orienter les choix de notre liberté pour un résultat bon et heureux de la vie ? Qu'est-ce qui nous attend au-delà du seuil de la mort ?

De ces questions, qu'on ne peut ignorer, il apparaît combien le monde de la planification, du calcul exact et de l'expérimentation, en un mot le savoir de la science, bien qu'important pour la vie de l'homme, à lui seul ne suffit pas. Nous avons besoin non seulement du pain matériel, mais nous avons aussi besoin d'amour, de sens et d'espérance, d'un fondement certain, d'un terrain solide qui nous aide à vivre avec un sens authentique même dans la crise, dans les ombres, dans les difficultés et dans les problèmes quotidiens. La foi nous donne précisément cela : c'est une manière confiante de s'en remettre à un « Toi », qui est Dieu, qui me donne une certitude différente, mais non moins solide de celle qui me vient du calcul exact ou de la science. La foi n'est pas un simple accord intellectuel de l'homme avec des vérités particulières sur Dieu ; c'est un acte à travers lequel on s'en remet librement à un Dieu qui est Père et qui m'aime ; c'est l'adhésion à un « Toi » qui me donne espérance et confiance. Bien sûr, cette adhésion à Dieu n'est pas privée de contenus : avec elle, nous sommes conscients que Dieu lui-même s'est montré à nous dans le Christ, a fait voir son visage et s'est fait réellement proche de chacun de nous. Plus encore, Dieu a révélé que son amour pour l'homme, pour chacun de nous, est sans mesure : sur la Croix, Jésus de Nazareth, le Fils de Dieu fait homme, nous montre de la manière la plus lumineuse à quel point arrive cet amour, jusqu'au don de soi-même, jusqu'au sacrifice total. Avec le mystère de la Mort et de la Résurrection du Christ, Dieu descend jusqu'au fond de notre humanité pour la ramener à Lui, pour l'élever à sa hauteur. La foi c'est croire à cet amour de Dieu qui ne fait pas défaut face à la méchanceté de l'homme, face au mal et à la mort, mais qui est capable de transformer toute forme d'esclavage, en donnant la possibilité du salut. Avoir foi, alors, c'est rencontrer ce « Toi », Dieu, qui me soutient et m'accorde la promesse d'un amour indestructible qui non seulement aspire à l'éternité, mais la donne ; c'est m'en remettre à Dieu avec l'attitude d'un enfant, qui sait bien que toutes ses difficultés, tous ses problèmes sont à l'abri dans le « toi » de la mère. Et cette possibilité de salut à travers la foi est un don que Dieu offre à tous les hommes. Je pense que nous devrions méditer plus souvent – dans notre vie quotidienne, caractérisée par des problèmes et des situations parfois dramatiques – sur le fait que croire chrétiennement signifie m'abandonner ainsi avec confiance au sens profond qui me soutient et soutient le monde, ce sens que nous ne sommes pas en mesure de nous donner, mais uniquement de recevoir comme un don, et qui est le fondement sur lequel nous pouvons vivre sans peur. Et cette certitude libératrice et rassurante de la foi, nous devons être capables de l'annoncer par nos paroles et de la montrer par notre vie de chrétiens.

Mais autour de nous, nous voyons chaque jour que beaucoup restent indifférents ou refusent d'accueillir cette annonce. À la fin de l'évangile de Marc, nous avons des paroles dures du Ressuscité qui dit : « Celui qui croira et sera baptisé sera sauvé ; celui qui refusera de croire sera condamné » (Mc 16, 16), il se perd lui-même. Je voudrais vous inviter à réfléchir à cela. La confiance dans l'action de l'Esprit Saint, doit nous pousser toujours à aller et à prêcher l'Évangile, au courageux témoignage de la foi ; mais, outre la possibilité d'une réponse positive au don de la foi, il y a aussi le risque d'un refus de l'Évangile, du non-accueil de la rencontre vitale avec le Christ. Déjà saint Augustin posait ce problème dans son commentaire à la parabole du semeur :

> Nous parlons – disait-il –, nous jetons la semence, nous répandons la semence. Certains nous méprisent, certains nous blâment, certains nous moquent. Si nous les craignons, nous n'avons plus rien à semer et le jour de la moisson nous nous retrouverons sans récolte. Aussi vienne la semence de la bonne terre [*Discours sur la discipline chrétienne*, 13, 14].

Le refus ne peut donc pas nous décourager. Comme chrétiens nous sommes le témoignage de ce terrain fertile : notre foi, malgré nos limites, montre qu'il existe une terre bonne, où la semence de la Parole de Dieu produit des fruits abondants de justice, de paix et d'amour, de nouvelle humanité, de salut. Et toute l'histoire de l'Église, avec tous les problèmes, démontre aussi que la bonne terre existe, ainsi que la bonne semence et qu'elle porte du fruit.

Mais demandons-nous : d'où l'homme puise-t-il cette ouverture du cœur et de l'esprit pour croire dans le Dieu qui s'est rendu visible en Jésus Christ mort et ressuscité, pour accueillir son salut, de sorte que Lui et son Évangile soient le guide et la lumière de l'existence ? Réponse : nous pouvons croire en Dieu parce qu'il s'approche de nous et nous touche, parce que l'Esprit Saint, don du Ressuscité, nous rend capables d'accueillir le Dieu vivant. La foi est donc avant tout un don surnaturel, un don de Dieu. Le concile Vatican II affirme :

Pour exister, cette foi requiert la grâce prévenante et adjuvante de Dieu, ainsi que les secours intérieurs du Saint-Esprit qui touche le cœur et le tourne vers Dieu, ouvre les yeux de l'esprit et donne « à tous la douce joie de consentir et de croire à la vérité » [*Dei Verbum* n. 5].

À la base de notre chemin de foi se trouve le baptême, le sacrement que nous donne l'Esprit Saint, en nous faisant devenir des fils de Dieu en Christ, et qui marque l'entrée dans la communauté de la foi, dans l'Église : on ne croit pas par soi-même, sans la venue préalable de la grâce de l'Esprit ; et l'on ne croit pas tout seul, mais avec ses frères. À partir du baptême, chaque croyant est appelé à revivre et à faire sienne cette confession de foi, avec ses frères.

La foi est un don de Dieu, mais également un acte profondément libre et humain. Le *Catéchisme de l'Église catholique* le dit avec clarté :

> Croire n'est possible que par la grâce et les secours intérieurs du Saint-Esprit. Il n'en est pas moins vrai que croire est un acte authentiquement humain. Il n'est contraire ni à la liberté ni à l'intelligence de l'homme [n. 154].

Au contraire, il les implique et les exalte, dans un enjeu de vie qui est comme un exode, à savoir sortir de soi-même, de ses propres certitudes, de ses propres schémas mentaux, pour se confier à l'action de Dieu qui nous indique sa voie pour obtenir la véritable liberté, notre identité humaine, la véritable joie du cœur, la paix avec tous. Croire signifie se remettre en toute liberté et avec joie au dessein providentiel de Dieu dans l'histoire, comme le fit le patriarche Abraham, comme le fit Marie de Nazareth. La foi est alors un assentiment avec lequel notre esprit et notre cœur prononcent leur « oui » à Dieu, en confessant que Jésus est le Seigneur. Et ce « oui » transforme la vie, il lui ouvre la voie vers une plénitude de signification, il la rend nouvelle, riche de joie et d'espérance fiable.

Notre époque demande des chrétiens saisis par le Christ, qui grandissent dans la foi grâce à la familiarité avec les Saintes Écritures et les sacrements. Des personnes qui soient comme un livre ouvert qui raconte l'expérience de la vie nouvelle dans l'Esprit, la présence de ce Dieu qui nous soutient sur le chemin et qui nous ouvre à la vie qui n'aura jamais de fin.

PAPE FRANÇOIS

Témoins de la Résurrection

Dans le *Credo*, nous répétons cette expression : « Il ressuscita le troisième jour, conformément aux Écritures. » C'est précisément l'événement que nous célébrons : la Résurrection de Jésus, cœur du message chrétien, qui a retenti depuis le début et a été transmis afin qu'il parvienne jusqu'à nous. Saint Paul écrit aux chrétiens de Corinthe :

> Je vous ai donc transmis en premier lieu ce que j'avais moi-même reçu, à savoir que le Christ est mort pour nos péchés selon les Écritures, qu'il a été mis au tombeau, qu'il est ressuscité le troisième jour selon les Écritures, qu'il est apparu à Céphas, puis aux Douze [1 Co 15, 3-5].

Cette brève confession de foi annonce précisément le Mystère pascal, avec les premières apparitions du Ressuscité à Pierre et aux Douze : la Mort et la Résurrection de Jésus sont précisément le cœur de notre espérance. Sans cette foi dans la mort et dans la résurrection de Jésus, notre espérance sera faible, ce ne sera pas même une espérance, et c'est précisément la mort et la résurrection de Jésus qui sont le cœur de notre espérance. L'Apôtre affirme : « Si le Christ n'est pas ressuscité, vaine est votre foi ; vous êtes encore dans vos péchés » (v. 17). Malheureusement, on a souvent tenté d'obscurcir la foi dans la Résurrection de Jésus, et parmi les croyants des doutes se sont insinués. C'est un peu une foi « à l'eau de rose » comme on dit ; ce n'est pas une foi forte. Et cela par superficialité, parfois par indifférence, occupés par mille choses que l'on considère plus importantes que la foi, ou encore en raison d'une vision uniquement horizontale de la vie. Mais c'est précisément la résurrection qui nous ouvre à l'espérance la plus grande, car elle ouvre notre vie et la vie du monde à l'avenir éternel de Dieu, au bonheur total, à la certitude que le mal, le péché, la mort peuvent être vaincus. Et cela conduit à vivre avec davantage de confiance les réalités quotidiennes, à les affronter avec courage et application. La Résurrection du Christ illumine d'une lumière nouvelle ces réalités quotidiennes. La Résurrection du Christ est notre force !

Mais comment la vérité de foi de la Résurrection du Christ nous a-t-elle été transmise ? Il y a deux types de témoignages dans le nouveau Testament : certains sont sous la forme de profession de foi, c'est-à-dire de formules synthétiques qui indiquent le cœur de la foi ; d'autres en revanche sont sous la forme de récit de l'événement de la Résurrection et des faits qui y sont liés. La première : la forme de la profession de foi, par exemple, c'est celle que nous venons d'écouter, ou encore celle de la Lettre aux Romains dans laquelle saint Paul écrit : « Si tes lèvres confessent que Jésus est Seigneur et si ton cœur croit que Dieu l'a ressuscité des morts, tu seras sauvé » (Rm 10, 9). Dès les premiers pas de l'Église, la foi dans le Mystère de mort et de Résurrection de Jésus est claire et bien établie. Mais aujourd'hui, je voudrais m'arrêter sur la seconde forme, sur les témoignages sous la forme de récit, que nous trouvons dans les évangiles. Avant tout, nous observons que les premiers témoins de cet événement furent les femmes. À l'aube, elles se rendirent au sépulcre pour oindre le corps de Jésus, et trouvent le premier signe : le tombeau vide (voir Mc 16, 1). Vient ensuite la rencontre avec un Messager de Dieu qui annonce : Jésus de Nazareth, le Crucifié, n'est pas ici, il est ressuscité (voir v. 5-6). Les femmes sont poussées par l'amour et elles savent accueillir cette annonce avec foi : elles croient, et immédiatement la transmettent, elles ne la gardent pas pour elles, elles la transmettent. La joie de savoir que Jésus est vivant, l'espérance qui remplit le cœur, ne peuvent pas être réprimées. Cela devrait également être le cas dans notre vie. Nous ressentons la joie d'être chrétiens ! Nous croyons dans un Ressuscité qui a vaincu le mal et la mort ! Nous avons le courage de « sortir » pour apporter cette joie et cette lumière dans tous les lieux de notre vie ! La Résurrection du Christ est notre plus grande certitude ; c'est le trésor le plus précieux ! Comment ne pas partager ce trésor, cette certitude, avec les autres ? Elle n'est pas seulement là pour nous, mais pour la transmettre, pour la donner aux autres, la partager avec les autres. C'est précisément là notre témoignage.

Un autre élément. Dans les professions de foi du Nouveau Testament, seuls des hommes sont reconnus comme les témoins de la Résurrection – les apôtres – mais pas les femmes. C'est parce que, selon la loi judaïque de cette époque, les femmes et les enfants ne pouvaient pas rendre un témoignage fiable, crédible. Dans les évangiles, en revanche, les femmes ont un rôle primordial, fondamental. Nous pouvons ici saisir un élément en faveur de l'historicité de la Résurrection : s'il s'agissait d'un fait inventé, dans le contexte de cette époque, il n'aurait pas été lié au témoignage des femmes. En revanche, les évangélistes rapportent simplement ce qui s'est passé : ce sont les femmes qui sont les premiers témoins. Cela nous dit que Dieu ne choisit pas selon les critères humains : les premiers témoins de la naissance de Jésus sont les bergers, des personnes simples et humbles ; les premiers témoins de la Résurrection sont les femmes. Et cela est beau. Et c'est un peu la mission des femmes : des mères, des femmes !

Rendre témoignage aux enfants, aux petits-enfants, que Jésus est vivant, il est le vivant, il est le ressuscité. Mères et femmes, allez de l'avant avec ce témoignage ! Pour Dieu c'est le cœur qui compte, combien nous sommes ouverts à Lui, si nous sommes comme les enfants qui ont confiance. Mais cela nous fait aussi réfléchir sur la manière dont les femmes, dans l'Église et dans le chemin de foi, ont eu et ont aujourd'hui aussi un rôle particulier en ouvrant les portes aux Seigneur, en le suivant et en communiquant sa Face, car le regard de la foi a toujours besoin du regard simple et profond de l'amour. Les apôtres et les disciples ont plus de difficultés à croire. Les femmes non. Pierre court au sépulcre, mais il s'arrête à la tombe vide ; Thomas doit toucher de ses mains les blessures du corps de Jésus. Dans notre chemin de foi aussi, il est important de savoir et de sentir que Dieu nous aime, de ne pas avoir peur de l'aimer : la foi se professe avec la bouche et avec le cœur, avec la parole et avec l'amour.

Après les apparitions aux femmes, d'autres suivent. Jésus se rend présent de manière nouvelle : il est le Crucifié, mais son corps est glorieux ; il n'est pas revenu à la vie terrestre, mais à une condition nouvelle. Au début, ils ne le reconnaissent pas, et ce n'est qu'à travers ses paroles et ses gestes que leurs yeux s'ouvrent : la rencontre avec le Ressuscité transforme, elle donne une force nouvelle à la foi, un fondement inébranlable. Pour nous aussi, il existe de nombreux signes dans lesquels le Ressuscité se fait reconnaître : l'Écriture Sainte, l'Eucharistie, les autres sacrements, la charité, ces gestes d'amour qui portent un rayon du Ressuscité. Laissons-nous illuminer par la Résurrection du Christ, laissons-nous transformer par sa force, pour qu'à travers nous aussi, dans le monde, les signes de mort laissent place aux signes de vie. Et je dis en particulier aux jeunes : portez de l'avant cette certitude : le Seigneur est vivant et marche à nos côtés dans la vie. Telle est votre mission ! Portez de l'avant cette espérance. Soyez ancrés à cette espérance : cette ancre qui est dans le ciel ; tenez ferme la corde, soyez ancrés et portez de l'avant l'espérance. Vous, témoins de Jésus, portez de l'avant le témoignage que Jésus est vivant et cela nous donnera de l'espérance, donnera de l'espérance à ce monde un peu vieilli par les guerres, par le mal, par le péché. En avant les jeunes !

La foi et la raison

Aux yeux de Benoît XVI, la formule credo quia absurdum *n'explique pas la foi catholique : en effet, « Dieu n'est pas absurde, s'il est mystère ». Et « si, en regardant le mystère, la raison est dans l'obscurité, ce n'est pas parce qu'il n'y a pas de lumière dans le mystère, mais plutôt parce qu'il y en a trop ». Pour le pape François, les dons du Saint-Esprit nous permettent de « dépasser l'aspect extérieur de la réalité », au-delà des limites de l'intelligence humaine et de « comprendre les choses telles que Dieu les comprend ».*

BENOÎT XVI

La rationalité de la foi

Il est essentiel de redécouvrir combien il y a de joie à croire et retrouver l'enthousiasme pour communiquer à tous les vérités de la foi. Ces vérités ne sont pas un simple message sur Dieu, une information particulière sur Lui. Elles expriment en revanche l'événement de la rencontre de Dieu avec les hommes, une rencontre salvifique et libératrice, qui réalise les aspirations les plus profondes de l'homme, son désir de paix, de fraternité et d'amour. La foi conduit à découvrir que la rencontre avec Dieu valorise, perfectionne et élève ce qu'il y a de vrai, de bon et de beau en l'homme. Il arrive ainsi que, tandis que Dieu se révèle et se laisse connaître, l'homme vient à savoir qui est Dieu et, le connaissant, il se découvre lui-même, sa propre origine, son destin, la grandeur et la dignité de la vie humaine.

La foi permet un savoir authentique sur Dieu qui implique toute la personne humaine : c'est un *sàpere*, c'est-à-dire un savoir qui donne une saveur à la vie, un goût nouveau d'exister, une manière joyeuse d'être au monde. La foi s'exprime dans le don de soi pour les autres, dans la fraternité qui rend solidaires, capables d'aimer, en vainquant la solitude qui rend tristes. Cette connaissance de Dieu à travers la foi n'est donc pas seulement intellectuelle, mais vitale. C'est la connaissance de Dieu-Amour, grâce à son amour même. L'amour de Dieu, ensuite, fait voir, ouvre les yeux, permet de connaître toute la réalité, au-delà des perspectives étroites de l'individualisme et du subjectivisme qui désorientent les consciences. La connaissance de Dieu est donc une expérience de foi et implique, dans le même temps, un chemin intellectuel et moral : touché au plus profond par l'Esprit de Jésus en nous, nous dépassons les horizons de nos égoïsmes et nous nous ouvrons aux vraies valeurs de l'existence.

Je voudrais ici m'arrêter sur le caractère raisonnable de la foi en Dieu. La tradition catholique, depuis le début, a rejeté ce que l'on appelle le fidéisme, qui est la volonté de croire contre la raison. *Credo quia absurdum* (je crois parce que c'est absurde) n'est pas une formule qui interprète la foi catholique. Dieu, en effet, n'est pas absurde, tout au plus est-il mystère. Le mystère, à son tour, n'est pas irrationnel, mais est surabondance de sens, de signification, de vérité. Si, en regardant le mystère, la raison est dans l'obscurité, ce n'est pas parce que le mystère n'est pas lumière, mais plutôt parce qu'il y en a trop. Il en est ainsi lorsque les yeux de l'homme se tournent directement vers le soleil pour le regarder, ils ne voient que ténèbres ; mais qui dirait que le soleil n'est pas lumineux, il est même la source de la lumière ? La foi permet de regarder le « soleil », Dieu, parce qu'elle est accueil de sa révélation dans l'histoire et, pour ainsi dire, elle reçoit vraiment toute sa luminosité du mystère de Dieu, en reconnaissant le grand miracle : Dieu s'est approché de l'homme, il s'est offert à sa connaissance, en s'abaissant à la limite créaturale de sa raison (voir *Dei Verbum*, n. 13). Dans le même temps, Dieu, par sa grâce, éclaire la raison, lui ouvre des horizons nouveaux, incommensurables et infinis. C'est pourquoi la foi constitue un encouragement à chercher toujours, à ne jamais s'arrêter et à ne jamais trouver le repos dans la découverte inépuisable de la vérité et de la réalité. Le préjugé de certains penseurs modernes, selon lesquels la raison humaine serait bloquée par les dogmes de la foi, est faux. C'est exactement le contraire qui est vrai, comme les grands maîtres de la tradition catholique l'ont démontré. Saint Augustin, avant sa conversion, cherche avec tant d'inquiétude la vérité, à travers toutes les philosophies disponibles, en les trouvant toutes insatisfaisantes. Sa recherche rationnelle épuisante est pour lui une pédagogie significative en vue de la rencontre avec la Vérité du Christ. Lorsqu'il dit : « Comprends pour croire et crois pour comprendre » (*Discours* 43, 9), c'est comme s'il racontait sa propre expérience de vie. L'intellect et la foi, face à la Révélation divine, ne sont pas étrangers ou antagonistes, mais ils sont tous deux des conditions pour en comprendre le sens, pour en recevoir le message authentique, en s'approchant du seuil du mystère. Saint Augustin, avec beaucoup d'autres penseurs chrétiens, est le témoin d'une foi qui s'exerce avec la raison, qui pense et invite à penser. Dans ce sillage, saint Anselme dira dans son *Proslogion* que la foi catholique est *fides quaerens intellectum*, où la recherche de l'intelligence est un acte antérieur à croire. Ce sera surtout saint Thomas d'Aquin – fort de cette tradition – qui se confrontera avec les raisons des philosophes, en montrant quelle fécondité rationnelle nouvelle dérive dans la pensée humaine de la greffe des principes et des vérités de la foi chrétienne.

La foi catholique est donc raisonnable et nourrit notre confiance également dans la raison humaine. Le concile Vatican I, dans la constitution dogmatique *Dei Filius*, a affirmé que la raison est en mesure de connaître avec certitude l'existence de Dieu à travers la voie de la création, tandis que ce n'est qu'à la foi qu'appartient la possibilité de connaître « facilement, avec une certitude absolue et sans erreur » (*Denz* 3005) les vérités qui concernent Dieu, à la lumière de la grâce. La connaissance de la foi, en outre, n'est pas contre la raison droite. Le bienheureux pape Jean-Paul II, en effet, dans l'encyclique *Fides et ratio*, résume ainsi :

> La raison de l'homme n'est ni anéantie, ni humiliée lorsqu'elle donne son assentiment au contenu de la foi ; celui-ci est toujours atteint par un choix libre et conscient [n. 43].

Dans l'irrésistible désir de vérité, seul un rapport harmonieux entre foi et raison est le chemin juste qui conduit à Dieu et à la pleine réalisation de soi.

Cette doctrine est facilement reconnaissable dans tout le Nouveau Testament. En écrivant aux chrétiens de Corinthe, saint Paul soutient :

> Alors que les juifs réclament les signes du Messie, et que le monde grec recherche une sagesse, nous, nous proclamons un Messie crucifié, scandale pour les juifs, folie pour les peuples païens [1 Co 1, 22-23].

En effet, Dieu a sauvé le monde non pas par un acte de puissance, mais à travers l'humiliation de son Fils unique : selon les paramètres humains, la modalité insolite utilisée par Dieu détonne avec les exigences de la sagesse grecque. Pourtant, la Croix du Christ possède sa raison, que saint Paul appelle : *ho lògos tou staurou*, « le langage de la croix » (1 Co 1, 18). Ici, le terme *lògos* indique tant le langage que la raison et, s'il fait allusion au langage, c'est parce qu'il exprime verbalement ce que la raison élabore. Paul voit donc dans la Croix non pas un événement irrationnel, mais un fait salvifique qui possède un sens propre, reconnaissable à la lumière de la foi. Dans le même temps, il a tellement confiance dans la raison humaine qu'il s'étonne du fait que de nombreuses personnes, bien que voyant les œuvres accomplies par Dieu, s'obstinent à ne pas croire en Lui. Il dit dans la Lettre aux Romains : « Depuis la création du monde, les hommes, avec leur intelligence, peuvent voir, à travers les œuvres de Dieu, ce qui est invisible : sa puissance éternelle et sa divinité » (Rm 1, 20).

Ainsi, saint Pierre exhorte lui aussi les chrétiens de la diaspora à adorer « dans vos cœurs le Seigneur Christ, toujours prêts à la défense contre quiconque vous demande raison de l'espérance qui est en vous » (1 P 3, 15). Dans un climat de persécution, il est demandé aux croyants de justifier par des motivations fondées leur adhésion à la parole de l'Évangile, de donner raison de notre espérance.

Sur ces prémisses à propos du lien fécond entre comprendre et croire, se fonde également le rapport vertueux entre science et foi. La recherche scientifique, nous le voyons, conduit à la connaissance de vérités toujours nouvelles sur l'homme et sur l'univers. Le bien véritable de l'humanité, accessible dans la foi, ouvre l'horizon dans lequel doit se dérouler son chemin de découverte. Il faut donc encourager, par exemple, les recherches placées au service de la vie et visant à vaincre les maladies. Les recherches en vue de découvrir les secrets de notre planète et de l'univers sont également importantes, dans la conscience que l'homme est au sommet de la création non pour l'exploiter de manière insensée, mais pour la protéger et la rendre habitable. Ainsi la foi, réellement vécue, n'entre pas en conflit avec la science, mais coopère plutôt avec elle, en offrant des critères de base pour qu'elle promeuve le bien de tous, en lui demandant de ne renoncer qu'aux tentatives qui – en s'opposant au projet originel de Dieu – peuvent produire des effets qui se retournent contre l'homme lui-même. C'est également pour cela qu'il est raisonnable de croire : si la science est une alliée précieuse de la foi pour la compréhension du dessein de Dieu dans l'univers, la foi permet au progrès scientifique de se réaliser toujours pour le bien et pour la vérité de l'homme, en restant fidèle à ce même dessein.

Voilà pourquoi il est décisif pour l'homme de s'ouvrir à la foi et de connaître Dieu et son projet de salut en Jésus Christ. Dans l'Évangile, est inauguré un nouvel humanisme, une authentique « grammaire » de l'homme et de toute la réalité. Le *Catéchisme de l'Église catholique* affirme :

> La vérité de Dieu est sa sagesse qui commande tout l'ordre de la création et du gouvernement du monde. Dieu qui, seul, « a créé le ciel et la terre » (voir Ps 115, 15), peut seul donner la connaissance véritable de toute chose créée dans sa relation à Lui [n. 216].

Espérons alors que notre engagement dans l'évangélisation aide à redonner son caractère central à l'Évangile dans la vie de tant d'hommes et femmes de notre temps. Et prions afin que tous retrouvent dans le Christ le sens de l'existence et le fondement de la liberté véritable : en effet, sans Dieu, l'homme s'égare. Les témoignages de ceux qui nous ont précédés et ont consacré leur vie à l'Évangile le confirment pour toujours. Il est raisonnable de croire, c'est notre existence qui est en jeu. Cela vaut la peine de se prodiguer pour le Christ, Lui seul satisfait les désirs de vérité et de bien enracinés dans l'âme de chaque homme : à présent, dans le temps qui passe, et le jour sans fin de l'Éternité bienheureuse.

PAPE FRANÇOIS

Les dons du Saint-Esprit : l'intelligence et la science

Parmi les sept dons de l'Esprit Saint, je voudrais attirer aujourd'hui l'attention sur deux en particulier : l'*intelligence* et la *science*. Il ne s'agit pas de l'intelligence humaine, de la capacité intellectuelle dont nous pouvons plus ou moins être pourvus. Il s'agit en revanche d'une grâce que seul l'Esprit Saint peut donner et qui suscite chez le chrétien la capacité d'aller au-delà de l'aspect extérieur de la réalité et scruter les profondeurs de la pensée de Dieu et de son dessein de salut.

L'apôtre Paul, s'adressant à la communauté de Corinthe, décrit de façon efficace les effets de ce don – c'est-à-dire ce que fait le don de l'intelligence en nous. Et Paul dit ceci :

> Ce que l'œil n'a pas vu, ce que l'oreille n'a pas entendu, ce qui n'est pas monté au cœur de l'homme, tout ce que Dieu a préparé pour ceux qui l'aiment [...]. C'est à nous que Dieu l'a révélé par l'Esprit [1 Co 2, 9-10].

Bien sûr, cela ne signifie pas qu'un chrétien puisse comprendre toute chose et avoir une pleine connaissance des desseins de Dieu : tout cela reste en attente de se manifester dans toute sa limpidité quand nous nous trouverons face à Dieu et que nous serons véritablement un en Lui. Mais, comme le suggère la parole elle-même, l'intelligence permet d'*intus legere*, c'est-à-dire de « lire à l'intérieur » : ce don nous fait comprendre les choses comme Dieu les comprend, avec l'intelligence de Dieu. Parce que l'on peut comprendre une situation avec l'intelligence humaine, avec prudence, et cela va bien. Mais comprendre une situation en profondeur, comme Dieu la comprend, est l'effet de ce don. Et Jésus a voulu nous envoyer l'Esprit Saint afin que nous ayons ce don, afin que nous puissions tous comprendre les choses comme Dieu les comprend, avec l'intelligence de Dieu. C'est un beau cadeau que le Seigneur nous a fait à tous. C'est le don avec lequel l'Esprit Saint nous introduit dans l'intimité de Dieu et nous fait participer à son dessein d'amour qu'il a pour nous.

Il est clair alors que le don de l'intelligence est étroitement lié à la foi. Quand l'Esprit Saint habite notre cœur et illumine notre esprit, il nous fait croître jour après jour dans la compréhension de ce que le Seigneur a dit et a fait. Jésus lui-même a dit à ses disciples : je vous enverrai l'Esprit Saint et il vous fera comprendre tout ce que je vous ai enseigné. Comprendre les enseignements de Jésus, comprendre sa Parole, comprendre son Évangile, comprendre la Parole de Dieu. On peut lire l'Évangile et comprendre quelque chose, mais si nous lisons l'Évangile avec ce don de l'Esprit Saint, nous pouvons comprendre la profondeur des paroles de Dieu. Et cela est un grand don, un grand don que nous devons tous demander et demander ensemble : « Seigneur, donne-nous le don de l'intelligence. »

Il y a un épisode de l'évangile de Luc qui exprime très bien la profondeur et la force de ce don. Après avoir assisté à la mort sur la croix et à la sépulture de Jésus, deux de ses disciples, déçus et affligés, partent de Jérusalem et retournent dans leur village du nom d'Emmaüs. Alors qu'ils sont en chemin, Jésus ressuscité marche à leur côté et commence à parler avec eux, mais leurs yeux, voilés par la tristesse et le désespoir, ne sont pas en mesure de le reconnaître. Jésus marche avec eux, mais eux sont si tristes, si désespérés qu'ils ne le reconnaissent pas. Mais lorsque le Seigneur leur explique les Écritures, afin qu'ils comprennent qu'Il devait souffrir et mourir pour ensuite ressusciter, *leurs esprits s'ouvrent et dans leur cœur se rallume l'espérance* (voit Lc 24, 13-27). Et c'est ce que fait l'Esprit Saint avec nous : il nous ouvre l'esprit, nous ouvre pour mieux comprendre les choses de Dieu, les choses humaines, les situations, toutes les choses. Le don de l'intelligence est important pour notre vie chrétienne. Demandons-le au Seigneur, qu'il nous donne, qu'il nous donne à tous ce don pour comprendre, comme Il comprend Lui, les choses qui arrivent et pour comprendre surtout, la Parole de Dieu dans l'Évangile.

*

Soulignons maintenant un autre don du Saint-Esprit, le don de la *science*. Lorsque l'on parle de science, la pensée se tourne immédiatement vers la capacité de l'homme de connaître toujours mieux la réalité qui l'entoure et de découvrir les lois qui régissent la nature et l'univers. La science qui vient de l'Esprit Saint, toutefois, ne se limite pas à la connaissance humaine : c'est un don spécial, qui nous conduit à saisir, à travers la création, la grandeur et l'amour de Dieu et sa relation profonde avec chaque créature.

Lorsque nos yeux sont illuminés par l'Esprit, ils s'ouvrent à la contemplation de Dieu, dans la beauté de la nature et dans la grandeur de l'univers, et nous conduisent à découvrir que toute chose nous parle de Lui et de son amour. Tout cela suscite en nous un très grand émerveillement et un profond sentiment de gratitude ! C'est la sensation que nous éprouvons également lorsque nous admirons une œuvre d'art ou toute autre merveille qui est le fruit du génie et de la créativité de l'homme : face à tout cela, l'Esprit nous conduit à louer le Seigneur du plus profond de notre cœur et à reconnaître, dans tout ce que nous avons et sommes, un don inestimable de Dieu et un signe de son amour infini pour nous.

Dans le premier chapitre de la Genèse, précisément au début de toute la Bible, est mis en évidence le fait que Dieu est satisfait de sa création, en soulignant de façon répétée la beauté et la bonté de chaque chose. Au terme de chaque journée, il est écrit : « Dieu vit que cela était bon » (1, 12.18.21.25). Si Dieu voit que la création est une bonne chose, est une belle chose, nous aussi nous devons adopter cette attitude et voir que la création est une chose bonne et belle. Tel est le don de science qui nous fait voir cette beauté, louons donc Dieu, en lui rendant grâce de nous avoir donné tant de beauté. Et lorsque Dieu finit de créer l'homme, il ne dit pas : « Dieu vit que cela était bon », mais il dit que cela était « très bon » (v. 31). Aux yeux de Dieu, nous sommes la chose la plus belle, la plus grande, la meilleure de la création : les anges aussi sont au-dessous de nous, nous sommes plus que les anges, comme nous pouvons le lire dans le livre des Psaumes. Le Seigneur nous aime ! Nous devons lui rendre grâce pour cela. Le don de la science nous place en profonde harmonie avec le Créateur et nous fait participer à la limpidité de son regard et de son jugement. Et c'est dans cette perspective que nous réussissons à saisir dans l'homme et la femme le sommet de la création, comme accomplissement d'un dessein d'amour qui est imprimé en chacun de nous et qui nous fait reconnaître comme frères et sœurs.

Tout cela est un motif de sérénité et de paix et fait du chrétien un témoin joyeux de Dieu, sur les pas de saint François d'Assise et de nombreux saints qui ont su louer et chanter son amour à travers la contemplation de la création. Dans le même temps, toutefois, le don de la science nous aide à ne pas tomber dans certains comportements excessifs ou erronés. Le premier est constitué par le risque de nous considérer comme les propriétaires de la création. La création n'est pas une propriété que nous pouvons dominer à notre guise ; ni la propriété de quelques-uns, d'une poignée de personnes : la création est un don, c'est un don merveilleux que Dieu nous a fait, afin que nous en prenions soin et que nous l'utilisions au profit de tous, toujours avec un grand respect et gratitude. Le deuxième comportement erroné est représenté par la tentation de nous arrêter aux créatures, comme si celles-ci pouvaient offrir la réponse à toutes nos attentes. À travers le don de la science, l'Esprit nous aide à ne pas tomber dans cette erreur.

Mais je voudrais revenir sur la première voie erronée : dominer la création au lieu de la protéger. Nous devons protéger la création parce qu'il s'agit d'un don que le Seigneur nous a fait, c'est le don que Dieu nous a offert ; nous sommes gardiens de la création. Lorsque nous exploitons la création, nous détruisons le signe de l'amour de Dieu. Détruire la création signifie dire à Dieu : « Cela ne me plaît pas. » Et cela n'est pas bon : voilà le péché.

La protection de la création est précisément la protection du don de Dieu et cela signifie dire à Dieu : « Merci, je suis gardien de la création mais pour la faire progresser, jamais pour détruire ton don. » Cela doit traduire notre attitude à l'égard de la création : la protéger parce que si nous détruisons la création, la création nous détruira ! N'oubliez pas cela. Un jour, j'étais à la campagne et j'ai entendu un dicton prononcé par une personne simple, qui aimait beaucoup les fleurs et qui en prenait soin. Elle m'a dit : « Nous devons protéger ces belles choses que Dieu nous a données ; la création nous a été donnée pour que nous l'utilisions bien ; pas pour l'exploiter, mais pour la préserver, parce que Dieu pardonne toujours, nous les hommes nous pardonnons parfois, mais la création ne pardonne jamais et si on n'en prend pas soin, elle nous détruira. »

Cela doit nous faire réfléchir et doit nous faire invoquer de l'Esprit Saint le don de la science pour bien comprendre que la création est le plus beau don de Dieu. Il a fait tant de bonnes choses pour la meilleure chose qu'est la personne humaine.

Les hommes et Dieu

Benoît XVI nous rappelle que « nous sommes des pèlerins en route vers la patrie céleste », et dans ce pèlerinage, nous devons nous sentir « frères de tous les hommes, compagnons de voyage même de ceux qui ne croient pas, de qui est en quête, de qui se laisse interroger avec sincérité par le dynamisme de son désir de vérité et de bien ». Pour le pape François, on grandit dans la foi ensemble, à partir du don du baptême, grâce auquel le Saint-Esprit agit en chacun de nous, et aussi chez les enfants. C'est le Baptême qui nous « christifie » : il nous transforme en Christ.

BENOÎT XVI

Le désir de Dieu

L'homme porte en soi un désir mystérieux de Dieu. De façon très significative, le *Catéchisme de l'Église catholique* s'ouvre précisément par cette considération :

> Le désir de Dieu est inscrit dans le cœur de l'homme, car l'homme est créé par Dieu et pour Dieu ; Dieu ne cesse d'attirer l'homme vers Lui, et ce n'est qu'en Dieu que l'homme trouvera la vérité et le bonheur qu'il ne cesse de chercher [n. 27].

Une telle affirmation, qui aujourd'hui aussi, dans de nombreux contextes culturels, apparaît tout à fait facile à partager, presque évidente, pourrait en revanche sembler une provocation dans le cadre de la culture occidentale sécularisée. Un grand nombre de nos contemporains pourraient en effet objecter qu'ils ne ressentent en aucune façon un tel désir de Dieu. Pour de larges couches de la société, Il n'est plus l'attendu, le désiré, mais plutôt une réalité qui laisse indifférent, face à laquelle on ne doit pas même faire l'effort de se prononcer. En réalité, ce que nous avons défini de « désir de Dieu » n'a pas entièrement disparu et se représente encore aujourd'hui, sous de nombreuses formes, au cœur de l'homme. Le désir humain tend toujours vers des biens concrets déterminés, souvent tout autres que spirituels, et toutefois, on se trouve face à l'interrogation sur ce qu'est véritablement

« le » bien, et donc, à se confronter avec quelque chose qui est différent de soi, que l'homme ne peut construire, mais qu'il est appelé à reconnaître. Qu'est-ce qui peut véritablement satisfaire le désir de l'homme ?

Dans ma première encyclique, *Deus caritas est*, j'ai tenté d'analyser la façon dont ce dynamisme se réalise dans l'expérience de l'amour humain, expérience qui, à notre époque, est plus facilement perçue comme un moment d'extase, où l'on sort de soi, comme un lieu dans lequel l'homme sent qu'il est traversé par un désir qui le dépasse. À travers l'amour, l'homme et la femme expérimentent de façon nouvelle, l'un grâce à l'autre, la grandeur et la beauté de la vie et du réel. Si ce dont je fais l'expérience n'est pas une simple illusion, si vraiment je veux le bien de l'autre comme voie également pour mon bien, alors je dois être prêt à ne plus être au centre, à me mettre à son service, jusqu'à renoncer à moi-même. La réponse à la question sur le sens de l'expérience de l'amour passe donc à travers la purification et la guérison de la volonté, exigée par le bien même que l'on veut à l'autre. Il faut s'exercer, s'entraîner, également corriger, afin que ce bien puisse véritablement être désiré.

L'extase initiale se traduit ainsi en pèlerinage, « exode permanent allant du je enfermé sur lui-même vers sa libération dans le don de soi, et précisément ainsi vers la découverte de soi-même » (*Deus caritas est*, n. 6). À travers ce chemin, l'homme pourra progressivement approfondir la connaissance de l'amour dont il avait fait l'expérience à l'origine. Et le mystère qu'il représente prendra aussi toujours plus forme : en effet, pas même la personne aimée est en mesure de satisfaire le désir qui habite le cœur humain, au contraire, plus l'amour pour l'autre est authentique, plus il laisse entrevoir l'interrogation sur son origine et sur son destin, sur la possibilité qu'il a de durer pour toujours. C'est pourquoi l'expérience humaine de l'amour porte en soi un dynamisme qui renvoie au-delà de soi-même, c'est l'expérience d'un bien qui conduit à sortir de soi et à se retrouver face au mystère qui entoure l'existence tout entière.

On pourrait également faire des considérations analogues à propos d'autres expériences humaines, comme l'amitié, l'expérience du beau, l'amour pour la connaissance : chaque bien expérimenté par l'homme tend vers le mystère qui entoure l'homme lui-même ; tout désir qui se présente au cœur humain se fait l'écho d'un désir fondamental qui n'est jamais pleinement satisfait. Sans aucun doute, à partir de ce désir profond, qui cache également quelque chose d'énigmatique, on ne peut arriver directement à la foi. En définitive, l'homme connaît bien ce qui ne le satisfait pas, mais ne peut imaginer ou définir ce qui lui ferait expérimenter ce bonheur dont il conserve la nostalgie dans le cœur. On ne peut connaître Dieu à partir uniquement du désir de l'homme. De ce point de vue, le mystère demeure : l'homme recherche l'Absolu, il le cherche à tâtons et de façon incertaine. Et toutefois, l'expérience du désir, du « cœur inquiet » comme l'appelait saint Augustin, est déjà très significative. Elle nous montre que l'homme, au plus profond de lui, est un être religieux (voir *Catéchisme de l'Église catholique*, n. 28), un « mendiant de Dieu ». Nous pouvons dire avec les paroles de Pascal : « L'homme passe infiniment l'homme » (*Pensées*, Br 434). Les yeux reconnaissent les objets lorsque ceux-ci sont illuminés par la lumière. D'où le désir de connaître la lumière elle-même, qui fait briller les choses du monde et avec elles révèle le sens de la beauté.

Nous devons donc penser qu'il est possible, même à notre époque, apparemment si réfractaire à la dimension transcendante, d'ouvrir un chemin vers l'authentique sens religieux de la vie, qui montre que le don de la foi n'est pas absurde, n'est pas irrationnel. Il serait d'une grande utilité, à cette fin, de promouvoir une sorte de pédagogie du désir, tant pour le chemin de celui qui ne croît pas encore, que pour celui qui a déjà reçu le don de la foi. Une pédagogie qui comprend au moins deux aspects. En premier lieu, apprendre ou réapprendre le goût des joies authentiques de la vie. Toutes les satisfactions ne produisent pas en nous le même effet : certaines laissent une trace positive, sont capables de pacifier l'esprit, nous rendent plus actifs et généreux. D'autres en revanche, après la lumière initiale, semblent décevoir les attentes qu'elles avaient suscitées et laissent parfois derrière elles l'amertume, l'insatisfaction ou un sentiment de vide. Éduquer dès l'âge tendre à goûter des joies véritables, dans tous les domaines de l'existence – la famille, l'amitié, la solidarité avec celui qui souffre, le renoncement à son propre moi pour servir l'autre, l'amour pour la connaissance, pour l'art, pour les beautés de la nature –, tout cela signifie exercer le goût intérieur et produire des anticorps efficaces contre la banalisation et l'aplatissement aujourd'hui répandus. Les adultes aussi ont besoin de redécouvrir ces joies, de désirer des réalités authentiques, en se purifiant de la médiocrité dans laquelle ils peuvent se trouver englués. Il deviendra alors plus facile d'abandonner ou de repousser tout ce qui, malgré des dehors attirants, se révèle en revanche insipide, source d'accoutumance et non de liberté. Et cela fera émerger ce désir de Dieu dont nous parlons.

Un deuxième aspect, qui va de pair avec le précédent, est de ne jamais se contenter de ce que l'on a atteint. Ce sont justement les joies les plus vraies qui sont capables de libérer en nous cette saine inquiétude qui conduit à être plus exigeants – vouloir un bien plus haut, plus profond – et en même temps à percevoir avec une clarté toujours plus grande que rien de fini ne peut combler notre cœur. Nous apprendrons ainsi à tendre, désarmés, vers ce bien que nous ne pouvons pas construire ou nous procurer par nos propres forces ; à ne pas nous laisser décourager par la difficulté ou les obstacles qui viennent de notre péché.

À cet égard, nous ne devons toutefois pas oublier que le dynamisme du désir est toujours ouvert à la rédemption. Même lorsqu'il se fourvoie sur des chemins erronés, lorsqu'il suit des paradis artificiels et semble perdre la capacité d'aspirer au vrai bien. Même dans l'abîme du péché ne s'éteint pas en l'homme cette étincelle qui lui permet de reconnaître le vrai bien, de le goûter, et d'engager ainsi un parcours d'élévation, auquel Dieu, avec le don de sa grâce, ne fait jamais manquer son aide. Tous, du reste, nous avons besoin de parcourir un chemin de purification et de guérison du désir. Nous sommes des pèlerins vers la patrie céleste, vers le bien complet, éternel, que rien ne pourra nous arracher. Il ne s'agit donc pas d'étouffer le désir qui est dans le cœur de l'homme, mais de le libérer, afin qu'il puisse atteindre sa vraie hauteur. Lorsque, dans le désir, s'ouvre la fenêtre vers Dieu, cela est déjà le signe de la présence de la foi dans l'esprit, une foi qui est une grâce de Dieu. Saint Augustin affirme encore : « Avec l'attente, Dieu élargit notre désir, avec le désir il élargit notre esprit et en le dilatant, il augmente sa capacité » (*Commentaire à la Première lettre de Jean*, 4, 6).

Dans ce pèlerinage, nous nous sentons frères de tous les hommes, compagnons de voyage même de ceux qui ne croient pas, de qui est en quête, de qui se laisse interroger avec sincérité par le dynamisme de son désir de vérité et de bien.

PAPE FRANÇOIS

Le fondement de la vie chrétienne

De par sa nature même, la vie chrétienne est une vie qui se reçoit du Christ. Nous sommes, en effet, chrétiens dans la mesure où nous laissons vivre Jésus en nous. D'où partir alors pour raviver cette conscience, sinon du début, du Sacrement qui a allumé en nous la vie chrétienne, à savoir le baptême ? La Pâque du Christ, avec sa charge de nouveauté, nous touche à travers le baptême pour nous transformer à son image : les baptisés sont de Jésus Christ, c'est Lui le Seigneur de leur existence. Le baptême est le « fondement de toute la vie chrétienne » (*Catéchisme de l'Église catholique*, n. 1213). C'est le premier des sacrements, dans la mesure où il est la porte qui permet au Christ Seigneur de demeurer dans notre personne et à nous de nous plonger dans son Mystère.

Le verbe grec « baptiser » signifie « plonger » (voir *Catéchisme*, n. 1214). Le bain avec l'eau est un rite commun à diverses croyances pour exprimer le passage d'une condition à une autre, signe de purification pour un nouveau départ. Mais pour nous, chrétiens, il ne doit pas nous échapper que si c'est le corps qui est plongé dans l'eau, c'est l'âme qui est plongée dans le Christ pour recevoir le pardon du péché et resplendir d'une lumière divine (voir Tertullien, *La résurrection des morts*, VIII, 3). En vertu de l'Esprit Saint, le baptême nous plonge dans la mort et la résurrection du Seigneur, en noyant dans la source baptismale l'homme ancien, dominé par le péché qui sépare de Dieu, et en faisant naître l'homme nouveau, recréé en Jésus. En Lui, tous les fils d'Adam sont appelés à une vie nouvelle. Cela signifie que le baptême est une renaissance. Je suis sûr, tout à fait sûr, que nous nous souvenons tous de notre date de naissance : sûr. Mais je me demande, j'ai quelques doutes, et je vous demande à vous : est-ce que chacun de vous se rappelle quelle était la date de son baptême ? Certains disent oui – c'est bien. Mais c'est un oui un peu faible, parce que peut-être beaucoup ne s'en rappellent-ils pas. Mais si nous fêtons le jour de la naissance, comment ne pas fêter – au moins se rappeler – le jour de la renaissance ? Que ceux d'entre vous qui ne se rappellent pas la date de leur baptême la demandent à leur mère, leur oncle et tante, à leurs petits-enfants : « Connais-tu la date de ton baptême ? », et ne l'oublient jamais. Et ce jour-là, rendre grâce au Seigneur, parce que c'est précisément le jour où Jésus est entré en moi, l'Esprit Saint est entré en moi. Nous devons tous connaître la date de notre baptême. C'est un autre anniversaire : l'anniversaire de la renaissance.

Rappelons les dernières paroles du Ressuscité aux apôtres ; elles représentent un mandat précis : « Allez donc, de toutes les nations faites des disciples, les baptisant au nom du Père et du Fils et du Saint-Esprit » (Mt 28, 19). À travers le bain baptismal, celui qui croit dans le Christ est plongé dans la vie même de la Trinité.

En effet, l'eau du baptême n'est pas une eau quelconque, mais l'eau sur laquelle est invoqué l'Esprit qui « donne la vie » (Credo). Pensons à ce que Jésus dit à Nicodème pour lui expliquer la naissance à la vie divine : « À moins de naître d'eau et d'Esprit, nul ne peut entrer dans le Royaume de Dieu. Ce qui est né de la chair est chair, ce qui est né de l'Esprit est esprit » (Jn 3, 5-6). C'est pourquoi le baptême est appelé également « régénération » : nous croyons que Dieu, « par sa seule miséricorde [...]

nous a sauvés par le bain de la régénération et de la rénovation en l'Esprit Saint » (Tt 3, 5).

Le baptême est donc un signe concret de renaissance, pour marcher dans une nouveauté de vie. C'est ce que rappelle saint Paul aux chrétiens de Rome :

> Ignorez-vous que, baptisés dans le Christ Jésus, c'est dans sa mort que tous nous avons été baptisés ? Nous avons donc été ensevelis avec lui par le baptême dans la mort, afin que, comme le Christ est ressuscité des morts par la gloire du Père, nous vivions nous aussi dans une vie nouvelle [Rm 6, 3-4].

En nous plongeant dans le Christ, le baptême fait également de nous des membres de son Corps, qui est l'Église, et nous fait participer à sa mission dans le monde (voir *Catéchisme*, n. 1213). Nous, baptisés, ne sommes pas isolés : nous sommes membres du Corps du Christ. La vitalité qui jaillit de la source baptismale est illustrée par ces paroles de Jésus : « Je suis la vigne ; vous, les sarments. Celui qui demeure en moi, et moi en lui, celui-là porte beaucoup de fruit » (Jn 15, 5). Une même vie, celle de l'Esprit Saint, coule du Christ aux baptisés, en les unissant en un seul Corps (voir 1 Co 12, 13), chrismé par la sainte onction et nourri à la table eucharistique.

Le baptême permet au Christ de vivre en nous et à nous de vivre unis à Lui, pour collaborer dans l'Église, chacun selon sa condition, à la transformation du monde. Reçu une seule fois, le bain baptismal illumine toute notre vie, en guidant nos pas vers la Jérusalem du Ciel. Il y a un avant et un après le baptême. Le Sacrement suppose un chemin de foi, que nous appelons « catéchuménat », évident lorsque c'est un adulte qui demande le baptême. Mais les enfants aussi, depuis l'Antiquité, sont baptisés dans la foi de leurs parents (voir le *Rite du baptême des enfants*, introduction, n. 2). Certains pensent : mais pourquoi baptiser un enfant qui ne comprend pas ? Attendons qu'il grandisse, qu'il comprenne et que ce soit lui-même qui demande le baptême. Mais cela signifie ne pas avoir confiance dans l'Esprit Saint, parce que quand nous baptisons un enfant, l'Esprit Saint entre dans cet enfant, et l'Esprit Saint fait croître chez cet enfant, dès son jeune âge, des vertus chrétiennes qui ensuite s'épanouiront. Il faut toujours donner cette opportunité à tous, à tous les enfants, d'avoir en eux l'Esprit Saint qui les guide pendant leur vie. N'oubliez pas de baptiser les enfants ! Personne ne doit mériter le baptême, qui est toujours un don gratuit pour tous, adultes et nouveau-nés. Mais comme cela a lieu pour une semence pleine de vie, ce don s'enracine et porte du fruit dans un terrain alimenté par la foi. Les promesses baptismales que nous renouvelons chaque année lors de la Veillée pascale doivent être ravivées chaque jour afin que le baptême « christifie » : nous ne devons pas avoir peur de ce mot ; le baptême nous « christifie », celui qui a reçu le baptême est « christifié », ressemble au Christ, se transforme dans le Christ et il en fait véritablement un autre Christ.

L'ÉGLISE

La communion au fil du temps

La tradition n'est pas une « collection de choses mortes », explique Benoît XVI, mais « le fleuve vivant qui nous relie aux origines, le fleuve vivant dans lequel les origines sont toujours présentes. Le grand fleuve qui nous conduit aux portes de l'éternité ». Pour le pape François, l'Église n'est pas « une association privée, une ONG, *et nous devons encore moins restreindre notre regard au clergé ou au Vatican » ; « l'Église est fondée par Jésus, mais c'est un peuple avec une longue histoire derrière lui et une préparation qui a commencé bien avant le Christ lui-même ».*

BENOÎT XVI

La transmission des biens du salut : la Tradition

Pour mieux comprendre notre place, notre vie chrétienne, dans la grande communion de l'Église nous devons comprendre le plan originel de l'Église voulu par le Seigneur. Et cette communion, que nous appelons Église, ne s'étend pas seulement à tous les croyants d'un moment historique déterminé, mais comprend également tous les temps et toutes les générations. Nous avons donc une double universalité : l'universalité synchronique – nous sommes unis avec les croyants dans toutes les parties du monde – et également une universalité dite diachronique : c'est-à-dire que tous les temps nous appartiennent, les croyants du passé et les croyants de l'avenir forment avec nous une grande et seule communion. L'Esprit apparaît comme le garant de la présence active du mystère dans l'histoire, Celui qui en assure la réalisation au cours des siècles. Grâce au Paraclet, l'expérience du Ressuscité, faite par la communauté apostolique aux origines de l'Église, pourra toujours être vécue par les générations successives, dans la mesure où elle est transmise et actualisée dans la foi, dans le culte et dans la communion du Peuple de Dieu, pèlerin dans le temps. Et ainsi, à présent, au cours du temps pascal, nous vivons la rencontre avec le Ressuscité, non seulement comme un événement du passé, mais dans la communion présente de la foi, de la liturgie, de la vie de l'Église. C'est dans cette transmission des biens du salut, qui fait de la communauté chrétienne l'actualisation permanente, dans la force de l'Esprit, de la communion originelle, que consiste la Tradition apostolique de l'Église. Elle est ainsi appelée car elle est née du témoignage des Apôtres et de la communauté des disciples au temps des origines ; elle a été consignée sous la direction de l'Esprit Saint dans les écrits du Nouveau Testament et dans la vie sacramentelle, dans la vie de la foi, et c'est à elle – à cette Tradition, qui est toute la réalité toujours actuelle du don de Jésus – que l'Église se réfère constamment comme étant son fondement et sa norme, à travers la succession ininterrompue du ministère apostolique.

Jésus, toujours dans sa vie historique, limitait sa mission à la maison d'Israël, mais faisait déjà comprendre que ce don était destiné non seulement au peuple d'Israël, mais au monde entier et à tous les temps. Le Ressuscité confie ensuite de façon explicite aux Apôtres (voir Lc 6, 13) la tâche de faire des disciples de toutes les nations, garantissant sa présence et son aide jusqu'à la fin des temps (voir Mt 28, 19 s.). L'universalisme du salut demande, par ailleurs, que le mémorial de la Pâque soit célébré sans interruption dans l'histoire jusqu'au retour glorieux du Christ (voir 1 Co 11, 26). Qui actualisera la présence salvifique du Seigneur Jésus à travers le ministère des Apôtres – chefs de l'Israël eschatologique (voir Mt 19, 28) – et à travers toute la vie du peuple de la nouvelle alliance ? La réponse est claire : l'Esprit Saint. Les Actes des Apôtres – en continuité avec le dessein de l'évangile de Luc – présentent sur le vif l'interpénétration entre l'Esprit, les envoyés du Christ et la communauté qu'ils ont rassemblée. Grâce à l'action du Paraclet, les Apôtres et leurs successeurs peuvent réaliser dans le temps la mission reçue par le Ressuscité :

> C'est vous qui en êtes les témoins. Et moi, je vais envoyer sur vous ce que mon Père a promis… [Lc 24, 48 s.].
>
> Mais vous allez recevoir une force, celle du Saint-Esprit, qui viendra sur vous. Alors vous serez mes témoins à Jérusalem, dans toute la Judée et la Samarie, et jusqu'aux extrémités de la terre [Ac 1, 8].

Et cette promesse, au début incroyable, s'est déjà réalisée à l'époque des Apôtres :

> Quant à nous, nous sommes les témoins de tout cela, avec l'Esprit Saint, que Dieu a donné à ceux qui lui obéissent [Ac 5, 32].

C'est donc l'Esprit lui-même qui, à travers l'imposition des mains et la prière des Apôtres, consacre et envoie les nouveaux missionnaires de l'Évangile (tel que, par exemple, dans Ac 13, 3 s. et 1 Tm 4, 14). Il est intéressant de noter que, alors que dans certains passages on dit que Paul établit les prêtres dans les Églises (voir Ac 14, 23), on affirme ailleurs que c'est l'Esprit qui constitue les pasteurs du troupeau (voir Ac 20, 28). L'action de l'Esprit et celle de Paul apparaissent ainsi profondément interpénétrées. À l'heure des décisions solennelles pour la vie de l'Église, l'Esprit est présent pour la guider. Cette présence de l'Esprit Saint qui guide se ressent particulièrement pendant le Concile de Jérusalem, dans les paroles conclusives duquel retentit l'affirmation : « L'Esprit Saint et nous-mêmes avons décidé… » (Ac 15, 28) ; l'Église croît et marche « dans la crainte du Seigneur […] avec l'assistance de l'Esprit Saint » (Ac 9, 31). Cette actualisation permanente de la présence active de Jésus Seigneur dans son peuple, opérée par l'Esprit Saint et exprimée dans l'Église à travers le ministère apostolique et la communion fraternelle, est ce que l'on entend au sens théologique avec le terme Tradition : celle-ci n'est pas la simple transmission matérielle de ce qui fut donné au début aux Apôtres, mais la présence efficace du Seigneur Jésus, crucifié et ressuscité, qui accompagne et guide dans l'Esprit la communauté qu'il a rassemblée.

La Tradition est la communion des fidèles autour des pasteurs légitimes au cours de l'histoire, une communion que l'Esprit Saint alimente en assurant la liaison entre l'expérience de la foi apostolique, vécue dans la communauté originelle des disciples, et l'expérience actuelle du Christ dans son Église. En d'autres termes, la Tradition est la continuité organique de l'Église, Temple de Dieu le Père, érigé sur le fondement des Apôtres et tenu ensemble par la pierre angulaire, le Christ, à travers l'action vivifiante de l'Esprit :

> Et donc, vous n'êtes plus des étrangers ni des gens de passage, vous êtes citoyens du peuple saint, membres de la famille de Dieu, car vous avez été intégrés dans la construction qui a pour fondations les Apôtres et les prophètes ; et la pierre angulaire c'est le Christ Jésus lui-même. En lui, toute la construction s'élève harmonieusement pour devenir un temple saint dans le Seigneur. En lui, vous êtes, vous aussi, des éléments de la construction pour devenir par l'Esprit Saint la demeure de Dieu [Ep 2, 19-22].

Grâce à la Tradition, garantie par le ministère des Apôtres et de leurs successeurs, l'eau de la vie qui jaillit du côté du Christ et son sang salutaire rejoignent les femmes et les hommes de tous les temps. Ainsi, la Tradition est la présence permanente du Sauveur qui vient nous rencontrer, nous racheter et nous sanctifier dans l'Esprit à travers le ministère de son Église, à la gloire du Père.

En conclusion et en résumé, nous pouvons donc dire que la Tradition n'est pas une transmission de choses ou de paroles, une collection de choses mortes. La Tradition est le fleuve vivant qui nous relie aux origines, le fleuve vivant dans lequel les origines sont toujours présentes. Le grand fleuve qui nous conduit aux portes de l'éternité. Et étant ainsi, dans ce fleuve vivant, se réalise toujours à nouveau la parole du Seigneur : « Et moi, je suis avec vous tous les jours jusqu'à la fin du monde » (Mt 28, 20).

PAPE FRANÇOIS

Dieu forme un peuple

Parler de l'Église, c'est un peu comme parler de notre mère, de notre famille. En effet, l'Église n'est pas une institution finalisée à elle-même ou une association privée, une ONG, et nous devons encore moins restreindre notre regard au clergé ou au Vatican… « L'Église pense… » Mais nous sommes tous l'Église ! « De qui parles-tu ». « Non, des prêtres… » Ah, les prêtres font partie de l'Église, mais nous sommes tous l'Église ! Il ne faut pas la restreindre aux seuls prêtres, aux évêques, ou au Vatican… Ce sont des parties de l'Église, mais nous sommes tous l'Église, nous appartenons tous à la famille, tous à la même mère. Et l'Église est une réalité beaucoup plus vaste, qui s'ouvre à toute l'humanité et qui ne naît pas dans un laboratoire, l'Église n'est pas née dans un laboratoire, elle n'est pas née à l'improviste. Elle est fondée par Jésus, mais elle est un peuple qui a une longue histoire derrière lui et une préparation qui commence bien avant le Christ lui-même.

Cette histoire, ou « préhistoire », de l'Église se trouve déjà dans les pages de l'Ancien Testament. Nous avons entendu le Livre de la Genèse : Dieu choisit Abraham, notre père dans la foi, et lui demanda de partir, de quitter sa patrie terrestre et d'aller vers une autre terre, qu'Il lui indiquerait (voir Gn 12, 1-9). Et dans cette vocation, Dieu n'appelle pas Abraham tout seul, comme individu, mais il interpelle toute sa famille, sa parenté et tous ceux qui sont au service de sa maison. Ensuite, une fois en chemin – et oui, c'est ainsi que commence à marcher l'Église –, Dieu élargira encore l'horizon et comblera Abraham de sa bénédiction, en lui promettant une descendance aussi nombreuse que les étoiles du ciel et que le sable sur la rive de la mer. Une première donnée importante est précisément celle-ci : en commençant par Abraham, Dieu forme un peuple pour qu'il apporte sa bénédiction à toutes les familles de la terre. Et Jésus naît à l'intérieur de ce peuple. C'est Dieu qui fait ce peuple, cette histoire, l'Église en chemin, et Jésus naît là, dans ce peuple.

Un deuxième élément : ce n'est pas Abraham qui constitue autour de lui un peuple, mais c'est Dieu qui donne vie à ce peuple. C'était habituellement l'homme qui s'adressait à la divinité, en cherchant à combler la distance et en invoquant son soutien et sa protection. Les gens priaient les dieux, les divinités. Dans ce cas, en revanche, on assiste à quelque chose d'inouï : c'est Dieu lui-même qui prend l'initiative. Écoutons cela : c'est Dieu lui-même qui frappe à la porte d'Abraham et lui dit : pars, quitte ta terre, commence à marcher et je ferai de toi un grand peuple. Et c'est là le début de l'Église et c'est dans ce peuple que naîtra Jésus. Dieu prend l'initiative et adresse sa parole à l'homme, en créant un lien et une relation nouvelle avec lui. « Mais, père, comment se fait-il ? Dieu nous parle ? » « Oui. » « Mais nous pouvons avoir une conversation avec Dieu ? » « Oui. » Cela s'appelle la prière, mais c'est Dieu qui a fait cela dès le début. Ainsi Dieu forme un peuple avec tous ceux qui écoutent sa Parole et qui se mettent en chemin, en se fiant à Lui. Telle est l'unique condition : avoir confiance en Dieu. Si tu as confiance en Dieu, tu l'écoutes et tu te mets en chemin, cela signifie faire l'Église. L'amour de Dieu précède tout. Dieu est toujours le premier, il arrive toujours avant nous, Il nous précède. Le prophète Jérémie disait que Dieu est comme la fleur de l'amandier (voir Jr 1, 11), car c'est le premier arbre qui fleurit au printemps. Pour dire que Dieu fleurit toujours avant nous. Quand nous arrivons, Il nous attend, Il nous appelle, Il nous fait marcher. Il est toujours en avance par rapport à nous. Et cela s'appelle l'amour, car Dieu nous attend toujours. « Mais père, je ne crois pas à cela, car si vous saviez, père, ma vie a été si affreuse, comment est-ce que je peux penser que Dieu m'attend ? » « Dieu t'attend. Et si tu as été un grand pécheur, il t'attend plus encore, et il t'attend avec beaucoup d'amour, car Il est le premier. C'est là la beauté de l'Église, qui nous conduit à ce Dieu qui nous attend ! Il précède Abraham, il précède aussi Adam. »

Abraham et les siens écoutent l'appel de Dieu et se mettent en route, bien qu'ils ne sachent pas bien qui est ce Dieu et où il veut les conduire. C'est vrai, car Abraham se met en chemin en se fiant à ce Dieu qui lui a parlé, mais il ne possédait pas de livre de théologie pour étudier qui était ce Dieu. Il se fie, il se fie à l'amour. Dieu lui fait sentir l'amour et il a confiance. Cela ne signifie pourtant pas que ces personnes soient toujours convaincues et fidèles. Au contraire, dès le début, il y a des résistances, le repli sur elles-mêmes et sur leurs propres intérêts et la tentation de marchander avec Dieu et de résoudre les choses à leur propre manière. Ce sont là les trahisons et les péchés qui marquent le chemin du peuple au cours de toute son histoire de salut, qui est l'histoire de la fidélité de Dieu et de l'infidélité du peuple. Mais Dieu ne se lasse pas, Dieu a de la patience, il a beaucoup de patience, et dans le temps il continue à éduquer et à former son peuple, comme un père avec son propre fils. Dieu marche avec nous. Le prophète Osée dit : « J'ai marché avec toi et je t'ai enseigné à marcher comme un père enseigne à marcher à son enfant » (Os 11, 1-4). Comme cette image de Dieu est belle ! Et il fait de même avec nous : il nous enseigne à marcher. Et c'est la même attitude qu'il conserve à l'égard de l'Église. Nous aussi, en effet, malgré notre intention de suivre le Seigneur Jésus, nous faisons chaque jour l'expérience de l'égoïsme et de la dureté de notre cœur. Mais quand nous nous reconnaissons pécheurs, Dieu nous remplit de sa miséricorde et de son amour. Et il nous pardonne, il nous pardonne toujours. Et c'est précisément cela qui nous fait grandir comme peuple de Dieu, comme Église : ce n'est pas notre bravoure, ce ne sont pas nos mérites – nous sommes peu de choses, ce n'est pas cela –, mais c'est l'expérience quotidienne de combien le Seigneur nous aime et prend soin de nous. Et cela nous fait sentir que nous lui appartenons véritablement, que nous sommes entre ses mains, et cela nous fait croître dans la communion avec Lui et entre nous. Être Église signifie se sentir entre les mains de Dieu, qui est père et qui nous aime, nous caresse, nous attend, nous fait sentir sa tendresse. Et cela est très beau !

Voilà quel est le projet de Dieu ; quand il a appelé Abraham, Dieu pensait à cela : former un peuple béni par son amour et qui porte sa bénédiction à tous les peuples de la terre. Ce projet ne change pas, il est toujours à l'œuvre. Il a eu son accomplissement en Christ et aujourd'hui encore, Dieu continue à le réaliser dans l'Église. Demandons alors la grâce de rester fidèles à la *sequela* du Seigneur Jésus et à l'écoute de sa Parole, prêts à partir chaque jour, comme Abraham, vers la terre de Dieu et de l'homme, notre véritable patrie, et à devenir ainsi une bénédiction, signe de l'amour de Dieu pour tous ses fils. Il me plaît de penser qu'un synonyme, un autre nom que nous pouvons avoir, nous chrétiens, serait celui-ci : nous sommes des hommes et des femmes, nous sommes des personnes *qui bénissent*. Par sa vie, le chrétien doit toujours bénir, bénir Dieu et bénir tout et tous. Nous, chrétiens, sommes des personnes qui bénissent, qui savent bénir. Il s'agit là d'une belle vocation !

La sainteté

Il y a de nombreux types de sainteté, dit Benoît XVI. « À toute époque de l'histoire de l'Église, sous toutes les latitudes, les saints appartiennent à tous les âges et à tous les états de vie, ils ont le visage concret de chaque peuple, langue et nation. » Arrêter de bavarder, écouter les rêveries des enfants, communier, parler à quelqu'un dans le besoin et lui donner ce dont il a besoin : pour le pape François, ce sont tous de petits pas vers la sainteté. « Quand le Seigneur nous invite à devenir saints, il ne nous appelle pas à quelque chose de lourd, de triste... Loin de là ! C'est une invitation à partager sa joie. »

BENOÎT XVI

L'âme de la sainteté, c'est la charité pleinement vécue

Toute l'histoire de l'Église est marquée par ces hommes et femmes qui par leur foi, par leur charité, par leur vie ont été des phares pour de si nombreuses générations, et qu'ils le sont aussi pour nous. Les saints manifestent de différentes manières la présence puissante et transformatrice du Ressuscité ; ils ont laissé le Christ se saisir si pleinement de leur vie qu'ils peuvent affirmer avec saint Paul : « Ce n'est plus moi qui vis, mais le Christ qui vit en moi » (Ga 2, 20). Suivre leur exemple, recourir à leur intercession, entrer en communion avec eux, « nous unit au Christ de qui découlent, comme de leur source et de leur tête, toutes grâces et la vie du Peuple de Dieu lui-même » (*Lumen gentium*, n. 50).

Que veut dire être saint ? Qui est appelé à être saint ? On est souvent porté encore à penser que la sainteté est une destination réservée à de rares élus. Saint Paul, en revanche, parle du grand dessein de Dieu et affirme : « C'est ainsi qu'Il [Dieu] nous a élus en lui [le Christ], dès avant la fondation du monde, pour être saints et immaculés en sa présence, dans l'amour » (Ep 1, 4). Et il parle de nous tous. Au centre du dessein divin, il y a le Christ, dans lequel Dieu montre son Visage : le Mystère caché dans les siècles s'est révélé en plénitude dans le Verbe qui s'est fait chair. Et Paul dit ensuite :

« Car Dieu s'est plu à faire habiter en lui toute la plénitude » (Col 1, 19). En Christ, le Dieu vivant s'est fait proche, visible, touchable, il s'est fait entendre afin que chacun puisse puiser de sa plénitude de grâce et de vérité (voir Jn 1, 14-16). C'est pourquoi toute l'existence chrétienne connaît une unique loi suprême, celle que saint Paul exprime dans une formule qui revient dans tous ses écrits : *en Jésus Christ*. La sainteté, la plénitude de la vie chrétienne ne consiste pas à accomplir des entreprises extraordinaires, mais à s'unir au Christ, à vivre ses mystères, à faire nôtres ses attitudes, ses pensées, ses comportements. La mesure de la sainteté est donnée par la stature que le Christ atteint en nous, par la mesure dans laquelle, avec la force de l'Esprit Saint, nous modelons toute notre vie sur la sienne. C'est être conformes à Jésus, comme l'affirme saint Paul : « Car ceux que d'avance il a discernés, il les a aussi prédestinés à reproduire l'image de son Fils » (Rm 8, 29). Et saint Augustin s'exclame : « Ma vie sera vivante toute pleine de Toi » (*Confessions*, 10, 28). Le concile Vatican II, dans la Constitution sur l'Église, parle avec clarté de l'appel universel à la sainteté, en affirmant que personne n'en est exclu :

> À travers les formes diverses de vie et les charges différentes, il n'y a qu'une seule sainteté cultivée par tous ceux que conduit l'Esprit de Dieu et qui… marchent à la suite du Christ pauvre, humble et chargé de sa croix, pour mériter de devenir participants de sa gloire [*Lumen gentium*, n. 41].

Mais la question demeure : comment pouvons-nous parcourir la voie de la sainteté, répondre à cet appel ? Puis-je le faire avec mes propres forces ? La réponse est claire : une vie sainte n'est pas principalement le fruit de notre effort, de nos actions, car c'est Dieu, le trois fois Saint (voir Is 6, 3), qui nous rend saints, c'est l'action de l'Esprit Saint qui nous anime de l'intérieur, c'est la vie même du Christ ressuscité qui nous est communiquée et qui nous transforme. Pour le dire encore une fois avec le concile Vatican II :

> Appelés par Dieu, non au titre de leurs œuvres mais au titre de son dessein gracieux, justifiés en Jésus notre Seigneur, les disciples du Christ sont véritablement devenus par le baptême de la foi, fils de Dieu, participants de la nature divine et, par là même, réellement saints. Cette sanctification qu'ils ont reçue, il leur faut donc, avec la grâce de Dieu, la conserver et l'achever par leur vie [*Lumen gentium*, n. 40].

La sainteté a donc sa racine ultime dans la grâce baptismale, dans le fait d'être greffés dans le Mystère pascal du Christ, avec lequel nous est communiqué son Esprit, sa vie de Ressuscité. Saint Paul souligne de manière puissante la transformation que la grâce baptismale accomplit dans l'homme et il arrive à créer une terminologie nouvelle, forgée avec le préfixe « co » : co-morts, co-ensevelis, co-ressuscités, co-vivifiés avec le Christ : notre destin est indissolublement lié au sien. « Si par le baptême, écrit-il, dans sa mort, nous avons été mis au tombeau avec lui, c'est pour que nous menions une vie nouvelle, nous aussi, de même que le Christ, par la toute-puissance du Père, est ressuscité d'entre les morts » (Rm 6, 4). Mais Dieu respecte toujours notre liberté et demande que nous acceptions ce don et vivions les exigences qu'il comporte, il demande que nous nous laissions transformer par l'action de l'Esprit Saint, en conformant notre volonté à la volonté de Dieu.

Comment notre façon de penser et nos actions peuvent-elles devenir la manière de penser et d'agir du Christ et avec le Christ ? Quelle est l'âme de la sainteté ? Le concile Vatican II précise à nouveau :

> Dieu est charité et celui qui demeure dans la charité demeure en Dieu et Dieu en lui (voir 1 Jn 4, 16). Sa charité, Dieu l'a répandue dans nos cœurs par l'Esprit Saint qui nous a été donné (voir Rm 5, 5). La charité qui nous fait aimer Dieu par-dessus tout et le prochain à cause de lui est par conséquent le don premier et le plus nécessaire. Mais pour que la charité, comme un bon grain, croisse dans l'âme et fructifie, chaque fidèle doit s'ouvrir à la Parole de Dieu et, avec l'aide de sa grâce, mettre en œuvre sa volonté, participer fréquemment aux sacrements, surtout à l'Eucharistie, et aux actions sacrées, s'appliquer avec persévérance à la prière, à l'abnégation de soi-même, au service actif de ses frères et à l'exercice de toutes les vertus. La charité en effet, étant le lien de la perfection et la plénitude de la loi (voir Col 3, 14 ; Rm 13, 10), oriente tous les moyens de sanctification, leur donne leur âme et les conduit à leur fin [*Lumen gentium*, n. 42].

Peut-être ce langage du concile Vatican II est-il encore un peu trop solennel pour nous, peut-être devons-nous dire les choses de manière encore plus simple. Qu'est-ce qui est essentiel ? Il est essentiel de ne jamais laisser passer un dimanche sans une rencontre avec le Christ Ressuscité dans l'Eucharistie ; cela n'est pas un poids en plus, mais une lumière pour toute la semaine. Il ne faut pas commencer ni finir une journée sans avoir au moins un bref contact avec Dieu. Et, sur la route de notre vie, suivre les « panneaux routiers » que Dieu nous a communiqués dans le décalogue lu avec le Christ, qui est tout simplement l'explicitation de ce qu'est la charité dans des situations déterminées. Il me semble que cela est la véritable simplicité et la grandeur de la vie de sainteté : la rencontre avec le Ressuscité le dimanche ; le contact avec Dieu au début et à la fin de la journée ; suivre, dans les décisions, les « panneaux routiers » que Dieu nous a communiqués, qui sont seulement des formes de charité. « C'est donc la charité envers Dieu et envers le prochain qui marque le véritable disciple du Christ » (*Lumen gentium*, n. 42). Telle est la véritable simplicité, grandeur et profondeur de la vie chrétienne, du fait d'être saints.

Voilà pourquoi saint Augustin, en commentant le quatrième chapitre de la *Première Lettre de saint Jean*, peut affirmer une chose courageuse : *Dilige et fac quod vis*, « Aime et fais ce que tu veux ». Et il poursuit :

> Si tu te tais, tais-toi par amour ; si tu parles, parle par amour ; si tu corriges, corrige par amour ; si tu pardonnes, pardonne par amour ; qu'en toi se trouve la racine de l'amour, car de cette racine ne peut rien procéder d'autre que le bien [7, 8].

Celui qui est guidé par l'amour, qui vit la charité pleinement est guidé par Dieu, car Dieu est amour. C'est ce qui donne sa valeur à cette grande parole : *Dilige et fac quod vis*, « Aime et fais ce que tu veux ».

Sans doute pourrions-nous nous demander : pouvons-nous, avec nos limites, avec notre faiblesse, tendre à des sommets si élevés ? Au cours de l'Année liturgique, l'Église nous invite à faire mémoire d'une foule de saints, c'est-à-dire de ceux qui ont vécu pleinement la charité, qui ont su aimer et suivre le Christ dans leur vie quotidienne. Ils nous disent qu'il est possible pour tous de parcourir cette voie. À toute époque de l'histoire de l'Église, sous toutes les latitudes, les saints appartiennent à tous les âges et à tous les états de vie, ils ont le visage concret de chaque peuple, langue et nation. Et ils sont de types très divers. En réalité, je dois dire qu'en ce qui concerne ma foi personnelle, de nombreux saints, pas tous, sont de véritables étoiles dans le firmament de l'histoire. Et je voudrais ajouter que pour moi, ce sont non seulement certains grands saints que j'aime et que je connais bien qui « indiquent la voie », mais précisément les saints simples aussi, c'est-à-dire les personnes bonnes que je vois dans ma vie, qui ne seront jamais canonisées. Ce sont des personnes normales, pour ainsi dire, sans héroïsme visible, mais dans leur bonté quotidienne, je vois la vérité de la foi. Cette bonté, qu'elles ont mûrie dans la foi de l'Église, est pour moi la plus sûre apologie du christianisme et le signe qui indique où se trouve la vérité.

Dans la communion des saints, canonisés et non canonisés, que l'Église vit grâce au Christ dans tous ses membres, nous jouissons de leur présence et de leur compagnie et nous cultivons la ferme espérance de pouvoir imiter leur chemin et partager un jour la même vie bienheureuse, la vie éternelle.

Comme la vocation chrétienne est grande et belle, et simple aussi, vue sous cette lumière ! Nous sommes tous appelés à la sainteté : elle est la mesure même de la vie chrétienne. Encore une fois, saint Paul l'exprime avec une grande intensité, lorsqu'il écrit :

> Chacun de nous a reçu sa part de la faveur divine selon que le Christ a mesuré ses dons [...]. C'est lui encore qui « a donné » aux uns d'être apôtres, à d'autres d'être prophètes, ou encore évangélistes, ou bien pasteurs et docteurs, organisant ainsi les saints pour l'œuvre du ministère, en vue de la construction du Corps du Christ, au terme de laquelle nous devons parvenir, tous ensemble, à ne faire plus qu'un dans la foi et la connaissance du Fils de Dieu, et à constituer cet Homme parfait, dans la force de l'âge, qui réalise la plénitude du Christ [Ep 4, 7. 11-13].

Je voudrais inviter chacun à s'ouvrir à l'action de l'Esprit Saint, qui transforme notre vie, pour être nous aussi comme des pièces de la grande mosaïque de sainteté que Dieu crée dans l'histoire, afin que le visage du Christ resplendisse dans tout son éclat. N'ayons pas peur de tendre vers le haut, vers les sommets de

Dieu ; n'ayons pas peur que Dieu nous demande trop, mais laissons-nous guider dans chacune de nos actions quotidiennes par sa Parole, même si nous nous sentons pauvres, inadéquats, pêcheurs : c'est Lui qui nous transformera selon son amour.

PAPE FRANÇOIS

Être saint, ce n'est pas prendre la figure d'une image pieuse

Un grand don du concile Vatican II est d'avoir retrouvé une vision d'Église fondée sur la communion, et d'avoir inclus également le principe de l'autorité et de la hiérarchie dans cette perspective. Cela nous a aidés à mieux comprendre que tous les chrétiens, en tant que baptisés, ont une dignité égale devant le Seigneur et qu'ils sont liés par la même vocation, qui est celle à la sainteté (*Lumen gentium*, n. 39-42). À présent, nous nous demandons : en quoi consiste cette vocation universelle à être saints ? Et comment pouvons-nous la réaliser ?

Avant tout, nous devons avoir bien à l'esprit que la sainteté n'est pas quelque chose que nous nous procurons, que nous obtenons par nos qualités et nos capacités. La sainteté est un don, c'est le don que nous fait le Seigneur Jésus, lorsqu'il nous prend avec lui et qu'il nous revêt de lui-même et qu'il nous rend comme lui. Dans la Lettre aux Éphésiens, l'apôtre Paul affirme que « le Christ a aimé l'Église et s'est donné lui-même pour elle, pour la rendre sainte » (Ep 5, 25-26). Voilà, la sainteté est véritablement le visage le plus beau de l'Église, le visage le plus beau : c'est se redécouvrir en communion avec Dieu, dans la plénitude de sa vie et de son amour. On comprend alors que la sainteté n'est pas une prérogative uniquement de certains : la sainteté est un don qui est offert à tous, sans exclure personne, et qui constitue ainsi le caractère distinctif de chaque chrétien.

Tout cela nous fait comprendre que pour être saints, il ne faut pas nécessairement être évêques, prêtres ou religieux : non, nous sommes tous appelés à devenir saints ! Tant de fois également, nous sommes tentés de penser que la sainteté est réservée uniquement à ceux qui ont la possibilité de se détacher des affaires ordinaires, pour se consacrer exclusivement à la prière. Mais il n'en est pas ainsi ! Certains pensent que la sainteté signifie fermer les yeux et prendre l'expression des images pieuses. Non ! Cela n'est pas la sainteté ! La sainteté est quelque chose de plus grand, de plus profond, que nous donne Dieu. Au contraire, c'est en vivant avec amour et en offrant son témoignage chrétien dans les tâches quotidiennes que nous sommes appelés à devenir saints. Et chacun dans les conditions et dans l'état de vie dans lequel il se trouve. Mais toi tu es consacré, tu es consacrée ? Sois saint en vivant avec joie ton don et ton ministère. Tu es marié ? Sois saint en aimant et en prenant soin de ton mari, de ta femme, comme le Christ l'a fait avec l'Église. Tu es baptisé et pas marié ? Sois saint en accomplissant avec honnêteté et compétence ton travail et en offrant du temps au service de tes frères. « Mais père, je travaille dans une usine ; je suis comptable, toujours entouré de chiffres, là, on ne peut pas être saint… » « Si, si, là on peut ! Là où tu travailles, tu peux devenir saint. Dieu te donne la grâce de devenir saint. Dieu se communique à toi. » On peut devenir saint toujours en tout lieu, c'est-à-dire que l'on peut s'ouvrir à cette grâce qui œuvre en nous et nous conduit à la sainteté. Tu es parent ou grand-parent ? Sois saint en enseignant avec passion aux enfants ou aux petits-enfants à reconnaître et à suivre Jésus. Et il faut beaucoup de patience pour cela, pour être un bon parent, un bon grand-père, une bonne mère, une bonne grand-mère, il faut beaucoup de patience et dans cette patience, vient la sainteté : en exerçant la patience. Tu es catéchiste, éducateur ou volontaire ? Sois saint en devenant un signe visible de l'amour de Dieu et de sa présence à nos côtés. Voilà : chaque état de vie conduit à la sainteté, toujours ! Chez toi, dans la rue, au travail, dans l'Église, à ce moment et dans ton état de vie a été ouverte la voie vers la sainteté. Ne vous découragez pas et allez sur cette voie. C'est vraiment Dieu qui nous donne la grâce. Le Seigneur ne demande que cela : que nous soyons en communion avec Lui et au service de nos frères.

Dès lors, chacun de nous peut faire un petit examen de conscience ; à présent, nous pouvons le faire, que chacun réponde en soi-même, en silence : comment avons-nous répondu jusqu'à présent à l'appel du Seigneur à la sainteté ? Ai-je envie de devenir un peu meilleur, d'être plus chrétien, plus chrétienne ? Telle est la voie de la sainteté. Lorsque le Seigneur nous invite à devenir saints, il ne nous appelle pas à quelque chose de lourd, de triste… Au contraire ! C'est l'invitation à partager sa joie, à vivre et à offrir avec joie chaque moment de notre vie, en le faisant devenir dans le même temps un don d'amour pour les personnes qui sont à nos côtés. Si nous comprenons cela, tout change et acquiert un sens nouveau, un beau sens, un sens qui commence par les petites choses de chaque jour. Un exemple. Une dame va au marché faire les courses et rencontre une voisine et elles commencent à parler, puis arrivent les commérages et cette dame dit : « Non, non, moi, je ne parlerai mal de personne. » C'est un pas vers la sainteté, cela nous aide à devenir plus saint. Puis, à la maison, ton enfant te demande de parler un peu de ses histoires : « Oh ! non, je suis si fatigué, j'ai beaucoup travaillé aujourd'hui… » – « Mais toi, installe-toi et écoute ton enfant, qui en a besoin ! » Et on s'installe, on écoute avec patience : c'est un pas vers la sainteté. Puis la journée finie, nous sommes tous fatigués, mais il y a la prière. Faisons la prière : c'est aussi est un pas vers la sainteté. Puis arrive le dimanche et nous allons à la Messe, nous faisons la communion, parfois précédée d'une belle confession qui nous purifie un peu. C'est un pas vers la sainteté. Puis, nous pensons à la Vierge, si bonne, si belle, et nous prenons le chapelet et nous la prions. C'est un pas vers la sainteté. Puis je vais dans la rue, je vois un pauvre, quelqu'un dans le besoin, je m'arrête, je l'interroge, je lui donne quelque chose : c'est un pas vers la sainteté. Ce sont de petites choses, mais tant de petits pas vers la sainteté. Chaque pas vers la sainteté fera de nous des personnes meilleures, libérées de l'égoïsme et de la fermeture sur soi, et ouvertes aux frères et à leurs nécessités.

Dans la première Lettre de saint Pierre nous est adressée cette exhortation :

> Chacun selon la grâce reçue, mettez-vous au service les uns des autres, comme de bons intendants d'une multiple grâce de Dieu. Si quelqu'un parle, que ce soit comme les paroles de Dieu ; si quelqu'un assure le service, que ce soit comme par un mandat reçu de Dieu, afin qu'en tout Dieu soit glorifié par Jésus Christ [1 P 4, 10-11].

Voici une invitation à la sainteté ! Accueillons-la avec joie, et soutenons-nous les uns les autres, afin que le chemin vers la sainteté ne se parcoure pas seul, chacun pour soi, mais se parcoure ensemble, dans l'unique corps qui est l'Église, bien-aimée et rendue sainte par le Seigneur Jésus Christ. Allons de l'avant avec courage, sur ce chemin de la sainteté.

Le sacerdoce

« À notre époque, dans laquelle, d'un côté, il semble que la foi s'affaiblit et que, de l'autre, émergent un profond besoin et une recherche diffuse de spiritualité », pour Benoît XVI il est nécessaire que les prêtres apportent le salut à travers les sacrements : c'est-à-dire qu'ils doivent effectuer une œuvre de sanctification. Pour le pape François, à travers les « frères choisis par le Seigneur et consacrés avec le sacrement de l'Ordre, l'Église exerce sa maternité ». Et l'épiscopat n'est pas une carrière, « ce n'est pas un honneur, c'est un service ».

BENOÎT XVI

Les ponts de la rencontre entre Dieu et les hommes

Selon la Tradition, les tâches spécifiques des prêtres sont au nombre de trois : enseigner, sanctifier et gouverner. Je voudrais m'arrêter brièvement sur le deuxième devoir du prêtre, celui de sanctifier les hommes, en particulier à travers les sacrements et le culte de l'Église. Ici, nous devons nous demander avant tout : que signifie le mot « saint » ? La réponse est : « "saint" est la qualité spécifique de l'être de Dieu, c'est-à-dire la vérité, la bonté, l'amour, la beauté absolus – la lumière pure ». Sanctifier une personne signifie donc la mettre en contact avec Dieu, avec son être de lumière, de vérité, d'amour pur. Il est évident que ce contact transforme la personne. Dans l'Antiquité, il existait cette ferme conviction : personne ne peut voir Dieu sans mourir aussitôt. La force de vérité et de lumière est trop grande ! Si l'homme touche ce courant absolu, il ne survit pas. D'autre part, il existait également la conviction suivante : sans aucun contact avec Dieu, l'homme ne peut vivre. Vérité, bonté, amour sont les conditions fondamentales de son être. La question est : comment l'homme peut-il trouver ce contact avec Dieu, qui est fondamental, sans mourir écrasé par la grandeur de l'être divin ? La foi de l'Église nous dit que Dieu lui-même crée ce contact, qui nous transforme au fur et à mesure en images véritables de Dieu.

Ainsi, nous sommes de nouveau parvenus au devoir du prêtre de « sanctifier ». Aucun homme seul, à partir de sa propre force, ne peut mettre l'autre en contact avec Dieu. Une partie essentielle de la grâce du sacerdoce est le don, le devoir de créer ce contact. Cela se réalise dans l'annonce de la parole de Dieu, dans laquelle sa lumière vient à notre rencontre. Cela se réalise de façon particulièrement dense dans les sacrements. L'immersion dans le mystère pascal de la mort et de la résurrection du Christ a lieu dans le Baptême, et est renforcée dans la Confirmation et dans la réconciliation, est nourrie par l'Eucharistie, sacrement qui édifie l'Église comme Peuple de Dieu, Corps du Christ, Temple de l'Esprit Saint (voir Jean-Paul II, *Pastores gregis*, n. 32). C'est donc le Christ lui-même qui rend saints, c'est-à-dire qui nous attire dans la sphère de Dieu. Mais comme acte de son infinie miséricorde, il appelle certaines personnes à « demeurer » avec Lui (voir Mc 3, 14) et à participer, à travers le sacrement de l'Ordre, en dépit de la pauvreté humaine, à son Sacerdoce même, à devenir ministres de cette sanctification, dispensateurs de ses mystères, « ponts » de la rencontre avec Lui, de sa médiation entre Dieu et les hommes et entre les hommes et Dieu (*Presbyterorum ordinis*, n. 5).

Au cours des dernières décennies, certaines tendances ont conduit à faire prévaloir, dans l'identité et la mission du prêtre, la dimension de l'annonce, en la détachant de celle de la sanctification ; il a souvent été affirmé qu'il serait nécessaire de dépasser une pastorale purement sacramentelle. Mais est-il possible d'exercer authentiquement le ministère sacerdotal « en dépassant » la pastorale sacramentelle ? Que cela signifie-t-il précisément pour les prêtres d'évangéliser, en quoi consiste ce que l'on appelle le primat de l'annonce ? Comme le rapportent les évangiles, Jésus affirme que l'annonce du Royaume de Dieu est le but de sa mission ; cette annonce, toutefois, n'est pas seulement un « discours », mais elle inclut, dans le même temps, sa propre action ; les signes, les miracles que Jésus accomplit indiquent que le Royaume vient comme une réalité présente et qu'elle coïncide en fin de compte avec sa propre personne, avec le don de soi. Et il en est de même pour le ministre ordonné : celui-ci, le prêtre, représente le Christ, l'Envoyé du Père, il en continue sa mission, à travers la « parole » et le « sacrement », dans cette totalité de corps et d'âme, de signe et de parole. Saint Augustin, dans une lettre à l'évêque Honorat de Thiabe, en se référant aux prêtres, affirme :

> Que les serviteurs du Christ, les ministres de Sa parole et de Son sacrement fassent donc ce qu'il commanda ou permit [*Epist.* 228, 2].

Il est nécessaire de réfléchir si, dans certains cas, avoir sous-évalué l'exercice fidèle du *munus sanctificandi*, n'a pas représenté un affaiblissement de la foi elle-même dans l'efficacité salvifique des sacrements et, en définitive, dans l'œuvre actuelle du Christ et de son Esprit, à travers l'Église, dans le monde.

Qui donc sauve le monde et l'homme ? La seule réponse que nous pouvons donner est : Jésus de Nazareth, Seigneur et Christ, crucifié et ressuscité. Et où s'actualise le Mystère de la mort et de la résurrection du Christ qui porte le salut ? Dans l'action du Christ par l'intermédiaire de l'Église, en particulier dans le sacrement de l'Eucharistie, qui rend présente l'offrande sacrificielle rédemptrice du Fils de Dieu, dans le sacrement de la réconciliation, où de la mort du péché où l'on retourne à la vie nouvelle, et dans chaque acte sacramentel de sanctification (voir *Presbyterorum ordinis*, n. 5). Il est important, par conséquent, de promouvoir une catéchèse adaptée pour aider les fidèles à comprendre la valeur des sacrements, mais il est tout aussi nécessaire, à l'exemple du saint curé d'Ars, d'être disponibles, généreux et attentifs pour donner à nos frères les trésors de grâce que Dieu a placés entre nos mains, et dont nous ne sommes pas les « maîtres », mais des gardiens et des administrateurs. Surtout à notre époque, dans laquelle, d'un côté, il semble que la foi s'affaiblit et que, de l'autre, émergent un profond besoin et une recherche diffuse de spiritualité, il est nécessaire que chaque prêtre se rappelle que, dans sa mission, l'annonce missionnaire et le culte des sacrements ne sont jamais séparés, et promeuve une saine pastorale sacramentelle, pour former le Peuple de Dieu et l'aider à vivre en plénitude la Liturgie, le culte de l'Église, les sacrements comme dons gratuits de Dieu, actes libres et efficaces de son action de salut.

Comme je l'ai rappelé lors d'une sainte Messe chrismale :

> Le sacrement est le centre du culte de l'Église. Sacrement signifie que, en premier lieu, ce ne sont pas nous les hommes qui faisons quelque chose, mais c'est d'abord Dieu, qui, par son agir, vient à notre rencontre ; nous regarde et nous conduit vers Lui. [...] Dieu nous touche par le moyen des réalités matérielles [...] qu'Il met à son service, en en faisant des instruments de la rencontre entre nous et lui-même [*Messe chrismale*, 1er avril 2010].

La vérité selon laquelle, dans le sacrement, « ce ne sont pas nous les hommes qui faisons quelque chose » concerne également, et doit concerner, la conscience sacerdotale : chaque prêtre sait bien qu'il est l'instrument nécessaire à l'action salvifique de Dieu, mais cependant toujours un instrument. Cette conscience doit rendre humble et généreux dans l'administration des sacrements, dans le respect des normes canoniques, mais également dans la profonde conviction que sa propre mission est de faire en sorte que tous les hommes, unis au Christ, puissent s'offrir à Dieu comme hostie vivante et sainte, agréable (voir Rm 12, 1). Saint Jean-Marie Vianney reste un exemple à propos du *munus sanctificandi* et de la juste interprétation de la pastorale sacramentelle, lui qui, un jour, face à un homme qui prétendait ne pas avoir la foi et qui désirait discuter avec lui, répondit :

> Oh ! mon ami, ce n'est pas à moi qu'il faut vous adresser, je ne sais pas raisonner… mais si vous avez besoin de réconfort, mettez-vous là… (il indiquait du doigt l'inexorable tabouret [du confessionnal]) et croyez-moi, beaucoup d'autres s'y sont assis avant vous et n'ont pas eu à s'en repentir [voir Monnin A., *Il curato d'Ars. Vita di Gian-Battista-Maria Vianney*, vol. I, Turin 1870, p. 163-164].

Chers prêtres, vivez avec joie et avec amour la liturgie et le culte : c'est une action que le Ressuscité accomplit dans la puissance de l'Esprit Saint en nous, avec nous et pour nous. Je voudrais renouveler l'invitation faite récemment à

> revenir au confessionnal, comme lieu dans lequel célébrer le sacrement de la réconciliation, mais aussi comme lieu où « habiter » plus souvent, pour que le fidèle puisse trouver miséricorde, conseil et réconfort, se sentir aimé et compris de Dieu et ressentir la présence de la Miséricorde divine, à côté de la présence réelle de l'Eucharistie [*Discours à la Pénitencerie apostolique*, 11 mars 2010].

Et je voudrais également inviter chaque prêtre à célébrer et à vivre avec intensité l'Eucharistie, qui est au cœur de la tâche de sanctifier ; c'est Jésus qui veut être avec nous, vivre en nous, se donner lui-même à nous, nous montrer la miséricorde et la tendresse infinies de Dieu ; c'est l'unique Sacrifice d'amour du Christ qui se rend présent, se réalise parmi nous et parvient jusqu'au trône de la grâce, en présence de Dieu, embrasse l'humanité et nous unit à Lui (voir *Discours au clergé de Rome*,

18 février 2010). Et le prêtre est appelé à être ministre de ce grand Mystère, dans le sacrement et dans la vie. Si « la grande tradition ecclésiale a, à juste titre, séparé l'efficacité sacramentelle de la situation existentielle concrète du prêtre, et [qu']ainsi, les attentes légitimes des fidèles ont été sauvegardées de façon adéquate », cela n'ôte rien « à la tension nécessaire et même indispensable, vers la perfection morale, qui doit habiter tout cœur authentiquement sacerdotal » : le Peuple de Dieu attend également de ses pasteurs un exemple de foi et de témoignage de sainteté (voir *Discours à l'assemblée plénière de la Congrégation pour le clergé*, 16 mars 2009). Et c'est dans la célébration des saints mystères que le prêtre trouve la racine de sa sanctification (voir *Presbyterorum ordinis*, 12-13).

Soyez conscients du grand don que les prêtres représentent pour l'Église et pour le monde ; à travers leur ministère, le Seigneur continue à sauver les hommes, à être présent, à sanctifier. Sachez remercier Dieu, et surtout soyez proches de vos prêtres à travers la prière et votre soutien, en particulier dans les difficultés, afin qu'ils soient toujours plus des pasteurs selon le cœur de Dieu.

PAPE FRANÇOIS

La grammaire de base du ministère

L'Esprit Saint comble toujours l'Église de ses dons, en abondance. Or, dans la puissance et dans la grâce de son Esprit, le Christ ne manque pas de susciter des ministères, dans le but d'édifier les communautés chrétiennes comme son corps. Parmi ces ministères, se distingue le ministère épiscopal. Chez l'évêque, assisté par les prêtres et par les diacres, c'est le Christ lui-même qui est présent et qui continue à prendre soin de son Église, en assurant sa protection et sa direction.

Dans la présence et dans le ministère des évêques, des prêtres et des diacres, nous pouvons reconnaître le véritable visage de l'Église : c'est la Sainte Mère l'Église hiérarchique. Et vraiment, à travers ces frères choisis par le Seigneur et consacrés par le sacrement de l'Ordre, l'Église exerce sa maternité : elle nous engendre dans le baptême comme chrétiens, en nous faisant renaître dans le Christ ; elle veille à notre croissance dans la foi ; elle nous accompagne entre les bras du Père, pour recevoir son pardon ; elle prépare pour nous la table eucharistique, où elle nous nourrit de la Parole de Dieu et du Corps et du sang de Jésus ; elle invoque sur nous la bénédiction de Dieu et la force de son Esprit, en nous soutenant tout au long de notre vie et en nous enveloppant de sa tendresse et de sa chaleur, en particulier dans les moments les plus délicats de l'épreuve, de la souffrance et de la mort.

Cette maternité de l'Église s'exprime en particulier dans la personne de l'évêque et dans son ministère. En effet, de même que Jésus a choisi les apôtres et les a envoyés annoncer l'Évangile et paître son troupeau, les évêques, leurs successeurs, sont placés à la tête des communautés chrétiennes, comme garants de leur foi et comme signe vivant de la présence du Seigneur parmi elles. Nous comprenons donc qu'il ne s'agit pas d'une position de prestige, d'une charge honorifique. L'épiscopat n'est pas un honneur, c'est un service. Jésus l'a voulu ainsi. Il ne doit pas y avoir de place dans l'Église pour une mentalité mondaine. La mentalité mondaine dit : « Cet homme a suivi la carrière ecclésiastique, il est devenu évêque. » Non ! non ! Dans l'Église, il ne doit pas y avoir de place pour cette mentalité. L'épiscopat est un service, non un honneur pour se vanter. Être évêque signifie garder toujours devant les yeux l'exemple de Jésus qui, comme Bon Pasteur, est venu non pour être servi, mais pour servir (voir Mt 20, 28 ; Mc 10, 45) et pour donner sa vie pour ses brebis (voir Jn 10, 11). Les saints évêques – et ils sont nombreux dans l'histoire de l'Église – nous montrent que ce ministère ne se recherche pas, ne se demande pas, ne s'achète pas, mais s'accueille dans l'obéissance, non pour s'élever, mais pour s'abaisser, comme Jésus qui « s'est abaissé lui-même, en devenant obéissant jusqu'à mourir, et à mourir sur une croix » (Ph 2, 8). Il est triste de voir un homme qui recherche cette charge et qui fait tant de choses pour en arriver là et, quand il est arrivé, qui ne se met pas au service, se pavane, vit seulement pour sa vanité.

Il existe un autre élément précieux qui mérite d'être mis en évidence. Quand Jésus a choisi et appelé les apôtres, il les a imaginés n'étant pas séparés les uns des autres, chacun pour soi, mais ensemble, pour qu'ils soient avec Lui, unis, comme une seule famille. Les évêques eux aussi constituent un unique collège, rassemblé autour du pape, qui est le gardien et le garant de cette profonde communion, qui tenait tant à cœur à Jésus et à ses apôtres. Comme il est beau, alors, quand les évêques, avec le pape, expriment cette collégialité et cherchent à être toujours plus et mieux les serviteurs des fidèles, davantage des serviteurs dans l'Église ! Mais pensons à tous les évêques présents dans le monde qui, bien que vivant dans des lieux, des cultures, des sensibilités et des traditions différentes et éloignées entre eux – un évêque me disait l'autre jour que pour arriver à Rome il avait besoin, de là où il était, de plus de trente heures d'avion – se sentent une partie l'un de l'autre et deviennent l'expression du lien intime, dans le Christ, entre leurs communautés. Et dans la prière ecclésiale commune, tous les évêques se mettent ensemble à l'écoute du Seigneur et de l'Esprit, en pouvant ainsi prêter attention en profondeur à l'homme et aux signes des temps (*Gaudium et spes*, n. 4).

Tout cela nous fait comprendre pourquoi les communautés chrétiennes reconnaissent chez l'évêque un grand don, et sont appelées à nourrir une communion sincère et profonde avec lui, à commencer par les prêtres et les diacres. Il n'existe pas d'Église saine si les fidèles, les diacres et les prêtres ne sont pas unis à l'évêque. Cette Église qui n'est pas unie à l'évêque est une Église malade. Jésus a voulu cette union de tous les fidèles avec l'évêque, également celle des diacres et des prêtres. Et ils accomplissent cela dans la conscience que c'est précisément dans l'évêque qu'est visible le lien de chaque Église avec les apôtres et avec toutes les autres communautés, unies avec leurs évêques et le pape dans l'unique Église du Seigneur Jésus, qui est notre Sainte Mère l'Église hiérarchique.

*

Or qu'est-il demandé à ces ministres de l'Église, pour qu'ils puissent vivre de manière authentique et féconde leur service ?

Dans les « Lettres pastorales » adressées à ses disciples Timothée et Tite, l'apôtre Paul s'arrête avec attention sur la figure des évêques, des prêtres et des diacres – ainsi que sur la figure des fidèles, des anciens, des jeunes. Il s'attache à décrire chaque chrétien de l'Église, en délimitant pour les évêques, les prêtres et les diacres, ce à quoi ils sont appelés et les prérogatives qui doivent être reconnues chez ceux qui sont choisis et investis de ces ministères. Or, il est emblématique que, avec les dons inhérents à la foi et à la vie spirituelle – qui ne peuvent être négligés, parce qu'ils sont la vie même –, sont énumérées certaines qualités profondément humaines : l'accueil, la sobriété, la patience, la douceur, la fiabilité, la bonté du cœur. Tel est l'alphabet, la grammaire de base de tout ministère ! Ce doit être la grammaire de base de tout évêque, de tout prêtre, de tout diacre. Oui, parce que sans cette prédisposition belle et authentique à rencontrer, à connaître, à dialoguer, à apprécier et à entrer en relation avec les frères de manière respectueuse et sincère, il n'est pas possible d'offrir un service et un témoignage vraiment joyeux et crédibles.

Il y a ensuite une attitude de fond que Paul recommande à ses disciples et, en conséquence, à tous ceux qui sont investis du ministère pastoral, qu'ils soient évêques, prêtres ou diacres. L'apôtre exhorte à raviver continuellement le don qui a été reçu (voir 1 Tm 4, 14 ; 2 Tm 1, 6). Cela signifie que doit être toujours vivante la conscience que l'on n'est pas évêques, prêtres ou diacres parce que l'on serait plus intelligent, plus compétent ou meilleur que les autres, mais uniquement en vertu d'un don, un don d'amour donné par Dieu, dans la puissance de son Esprit, pour le bien de son peuple. Cette conscience est vraiment importante et constitue une grâce à demander chaque jour ! En effet, un pasteur qui est conscient que son ministère naît uniquement de la miséricorde et du cœur de Dieu ne pourra jamais prendre une attitude autoritaire, comme si tous étaient à ses pieds et que la communauté était sa propriété, son royaume personnel.

La conscience que tout est don, tout est grâce, aide aussi un pasteur à ne pas tomber dans la tentation de se placer au centre de l'attention et de n'avoir confiance qu'en lui-même. Ce sont les tentations de la vanité, de l'orgueil, de la suffisance, de la superbe. Malheur à un évêque, un prêtre ou un diacre s'ils pensaient tout savoir, avoir toujours la réponse juste pour toute chose et n'avoir besoin de personne. Au contraire, la conscience d'être lui-même le premier objet de la miséricorde et de la compassion de Dieu doit conduire un ministre de l'Église à être toujours humble et compréhensif à l'égard des autres. Même dans la conscience d'être appelé à protéger avec courage le dépôt de la foi (voir 1 Tm 6, 20), il se mettra à l'écoute des gens. Il est conscient, en effet, d'avoir toujours quelque chose à apprendre, même de ceux qui peuvent être encore éloignés de la foi et de l'Église. Avec ses confrères, ensuite, tout cela doit conduire à avoir une attitude nouvelle, sous le signe du partage, de la coresponsabilité et de la communion.

Nous devons être toujours reconnaissants au Seigneur, pour que dans la personne et dans le ministère des évêques, des prêtres et des diacres, il continue à conduire et à former son Église, en la faisant grandir le long de la voie de la sainteté. Dans le même temps, nous devons continuer à prier, pour que les pasteurs de nos communautés puissent être une image vivante de la communion et de l'amour de Dieu.

LA PRIÈRE

Le dialogue avec Dieu

La prière, comme la foi, est un don de Dieu. L'Esprit, pour Benoît XVI, œuvre dans notre humanité, « pour assumer notre faiblesse et nous transformer, d'hommes liés aux réalités matérielles en hommes spirituels ». Ainsi, la prière ne nous libère pas des épreuves ou des souffrances, mais nous permet de « les vivre en union avec le Christ, avec ses souffrances, en vue de partager aussi sa gloire ». Le pape François nous rappelle également que « la prière n'est pas une baguette magique » : mais si dans la parabole évangélique, le juge inique n'écoute le plaidoyer de la veuve que parce que cela le « dérange », et qu'il lui rendra justice pour qu'elle ne vienne pas continuellement le déranger, Dieu, plus encore, qui est un Père bon et juste, « rendra justice à ses élus qui crient vers Lui jour et nuit ».

BENOÎT XVI

La prière est un don

Ce n'est pas un hasard si les Lettres de saint Paul, l'apôtre des nations, sont introduites et se concluent par l'expression d'une prière : au début, l'action de grâce et la louange, et, à la fin, le vœu afin que la grâce de Dieu guide le chemin des communautés auxquelles s'adresse la lettre. Entre la formule d'ouverture « Je rends grâce à mon Dieu par Jésus Christ » (Rm 1, 8) et le souhait final : « Que la grâce du Seigneur Jésus soit avec vous » (1 Co 16, 23), se développent les contenus des Lettres de l'apôtre. La prière de saint Paul manifeste une grande richesse de formes qui vont de l'action de grâce à la bénédiction, de la louange à la demande et à l'intercession, de l'hymne à la supplique : une variété d'expressions qui montre que la prière touche et pénètre toutes les situations de la vie, tant celles des personnes que des communautés auxquelles il s'adresse.

Un premier élément que l'apôtre veut nous faire comprendre est que la prière ne doit pas être considérée comme une simple bonne œuvre que nous accomplissons pour Dieu, comme notre propre action. C'est avant tout un don, le fruit de la présence vivante, vivifiante du Père et de Jésus Christ en nous. Dans la Lettre aux Romains, il écrit : « Bien plus, l'Esprit Saint vient au secours de notre faiblesse, car nous ne savons pas prier comme il faut. L'Esprit lui-même intervient pour nous par des cris inexprimables » (Rm 8, 26). Et nous savons combien ce que dit l'apôtre est vrai : « Nous ne savons pas prier comme il faut. » Nous voulons prier, mais Dieu est loin, nous n'avons pas les paroles, le langage, pour parler à Dieu, ni même la pensée. Nous pouvons seulement nous ouvrir, mettre notre temps à la disposition de Dieu, attendre qu'il nous aide lui-même à entrer dans un vrai dialogue. L'apôtre dit : ce manque de paroles, cette absence de paroles, mais aussi ce désir d'entrer en contact avec Dieu, est précisément la prière que l'Esprit Saint non seulement comprend, mais apporte et interprète auprès de Dieu. Par l'intermédiaire de l'Esprit Saint, notre faiblesse devient précisément une véritable prière, un véritable contact avec Dieu. L'Esprit Saint est presque l'interprète qui nous fait comprendre à nous-mêmes et à Dieu ce que nous voulons dire.

Dans la prière, plus que dans les autres dimensions de notre existence, nous faisons l'expérience de notre faiblesse, de notre pauvreté, de notre condition de créatures, car nous sommes placés face à la toute-puissance et à la transcendance de Dieu. Et plus nous progressons dans l'écoute et dans le dialogue avec Dieu, afin que la prière devienne le souffle quotidien de notre âme, plus nous percevons le sens de nos limites, non seulement face aux situations concrètes de tous les jours, mais aussi dans notre relation même avec le Seigneur. Ainsi croît en nous le besoin de lui faire confiance, de nous en remettre toujours davantage à Lui ; nous comprenons que « nous ne savons pas… prier comme il faut » (Rm 8, 26). Et c'est l'Esprit Saint qui vient en aide à notre incapacité, qui éclaire notre esprit et qui réchauffe notre cœur, en nous guidant lorsque nous nous adressons à Dieu. Pour saint Paul, la prière est surtout l'œuvre de l'Esprit dans notre humanité, pour assumer notre faiblesse et nous transformer, d'hommes liés aux réalités matérielles en hommes spirituels. Dans la Première Lettre aux Corinthiens, l'apôtre dit :

> Et nous, l'esprit que nous avons reçu, ce n'est pas celui du monde, c'est celui qui vient de Dieu, et ainsi nous avons conscience des dons que Dieu nous a faits. Et nous proclamons cela avec un langage que nous n'apprenons pas de la sagesse humaine, mais de l'Esprit, et nous interprétons de manière spirituelle ce qui vient de l'Esprit [1 Co 2, 12-13].

En habitant notre fragilité humaine, l'Esprit Saint nous change, intercède pour nous et nous élève jusqu'à Dieu (voir Rm 8, 26).

Par cette présence de l'Esprit Saint se réalise notre union au Christ car il s'agit de l'Esprit du Fils de Dieu, en qui nous devenons fils. Saint Paul parle de l'Esprit du Christ (voir Rm 8, 9), et pas seulement de l'Esprit de Dieu. Cela est évident : si le Christ est le Fils de Dieu, son Esprit est aussi l'Esprit de Dieu ; ainsi, si l'Esprit de Dieu, l'Esprit du Christ, est devenu déjà très proche de nous dans le Fils de Dieu et le Fils de l'homme, l'Esprit de Dieu devient aussi un esprit humain et nous touche ; nous pouvons entrer dans la communion de l'Esprit. C'est comme s'il disait que non seulement Dieu le Père s'est rendu visible dans l'incarnation du Fils, mais aussi que l'Esprit de Dieu se manifeste dans la vie et dans l'action de Jésus, de Jésus Christ, qui a vécu, a été crucifié, est mort et ressuscité. L'apôtre rappelle que « personne n'est capable de dire : "Jésus est le Seigneur" sans l'action de l'Esprit Saint » (1 Co 12, 3). L'Esprit oriente donc notre cœur vers Jésus Christ, de sorte que « ce n'est plus moi, c'est le Christ qui vit en moi » (voir Ga 2, 20). Dans ses *Catéchèses sur les sacrements*, en réfléchissant sur l'Eucharistie, saint Ambroise affirme : « Celui qui s'enivre de l'Esprit est enraciné dans le Christ » (5, 3, 17).

Je voudrais à présent souligner trois conséquences pour notre vie chrétienne, lorsque nous laissons agir en nous non pas l'esprit du monde, mais l'Esprit du Christ comme principe intérieur de toutes nos actions.

Tout d'abord, avec la prière animée par l'Esprit Saint, nous sommes mis en condition d'abandonner et de surmonter toute forme de peur ou d'esclavage, en vivant la liberté authentique des fils de Dieu. Sans la prière qui alimente chaque jour notre être dans le Christ, dans une intimité croissante, nous nous trouvons dans la condition décrite par saint Paul dans la Lettre aux Romains : nous ne faisons pas le bien que nous voulons, mais le mal que nous ne voulons pas (voir Rm 7, 19). Telle est l'expression de l'aliénation de l'être humain, de la destruction de notre liberté, à cause de la condition de notre être marqué par le péché originel : nous voulons le bien que nous ne faisons pas et nous faisons ce que nous ne voulons pas, le mal. L'apôtre veut faire comprendre que ce n'est pas avant tout notre volonté qui nous libère de cette condition, ni la Loi, mais l'Esprit Saint. Et puisque « là où l'Esprit du Seigneur est présent, là est la liberté » (2 Co 3, 17), avec la prière, nous faisons l'expérience de la liberté donnée par l'Esprit : une liberté authentique, qui est une liberté du mal et du péché, pour le bien et pour la vie, pour Dieu. La liberté de l'Esprit, continue saint Paul, ne s'identifie jamais ni avec le libertinage, ni avec la possibilité de faire le choix du mal, mais plutôt avec « ce que produit l'Esprit : amour, joie, paix, patience, bonté, bienveillance, foi, humilité et maîtrise de soi » (Ga 5, 22). Telle est la véritable liberté : pouvoir réellement suivre le désir du bien, de la vraie joie, de la communion avec Dieu et ne pas être opprimé par les circonstances qui nous attirent vers d'autres directions.

Une seconde conséquence qui se produit dans notre vie, quand nous laissons agir en nous l'Esprit du Christ, est que la relation même avec Dieu devient tellement profonde qu'elle n'est affectée par aucune réalité ni situation. Nous comprenons alors qu'avec la prière, nous ne sommes pas libérés des épreuves ou des souffrances, mais nous pouvons les vivre en union avec le Christ, avec ses souffrances, dans la perspective de participer également à sa gloire (voir Rm 8, 17). Souvent, dans notre prière, nous demandons à Dieu d'être libérés du mal physique ou spirituel, et nous le faisons avec une grande confiance. Pourtant, nous avons souvent l'impression de ne pas être écoutés et nous risquons alors de nous décourager et de ne pas persévérer. En réalité, il n'y a pas un cri humain qui ne soit écouté par Dieu et c'est précisément dans la prière constante et fidèle que nous comprenons avec saint Paul qu'« il n'y a pas de commune mesure entre les souffrances du temps présent et la gloire que Dieu va bientôt révéler en nous » (Rm 8, 18). La prière ne nous épargne pas les épreuves et les souffrances, au contraire, dit saint Paul, « nous crions en nous-mêmes notre souffrance ; [...] nous attendons notre adoption et la délivrance de notre corps » (Rm 8, 24) ; il dit que la prière ne nous épargne pas la souffrance mais qu'elle nous permet de la vivre et de l'affronter avec une force nouvelle, avec la même confiance que Jésus qui – selon la Lettre aux Hébreux – « pendant les jours de sa vie mortelle, [...] a présenté, avec un grand cri et dans les larmes, sa prière et sa supplication à Dieu qui pouvait le sauver de la mort ; et, parce qu'il s'est soumis en tout, il a été exaucé » (He 5, 7). La réponse de Dieu le Père à son Fils, à ses cris puissants et à ses larmes, n'a pas été la libération des souffrances, de la croix, de la mort, mais une réalisation beaucoup plus grande, une réponse beaucoup plus profonde ; à travers la croix et la mort, Dieu a répondu par la résurrection de son Fils, par une vie nouvelle. La prière animée par l'Esprit Saint nous porte, nous aussi, à vivre chaque jour le chemin de notre vie avec ses épreuves et ses souffrances, dans la pleine espérance, dans la confiance en Dieu qui répond comme il a répondu à son Fils.

Troisième point, la prière du croyant s'ouvre aussi aux dimensions de l'humanité et de toute la création, assumant « la création [qui] aspire de toutes ses forces à voir cette révélation des fils de Dieu » (Rm 8, 19). Cela signifie que la prière, soutenue par l'Esprit du Christ qui parle au plus profond de nous, ne reste jamais fermée sur elle-même, n'est jamais seulement une prière pour moi, mais qu'elle s'ouvre au partage des souffrances de notre temps, des autres. Elle devient une intercession pour les autres et ainsi, la libération de moi-même, le canal d'espérance pour toute la création, l'expression de cet amour de Dieu qui est répandu dans nos cœurs par l'Esprit qui nous a été donné (voir Rm 5, 5). Et ceci est justement le signe d'une véritable prière, qui ne prend pas fin en nous-mêmes, mais qui s'ouvre aux autres et, ainsi, me libère et contribue à la rédemption du monde.

Saint Paul nous enseigne que, dans notre prière, nous devons nous ouvrir à la présence de l'Esprit Saint, qui prie en nous par des cris inexprimables, pour nous conduire à adhérer à Dieu de tout notre cœur et de tout notre être. L'Esprit du Christ devient la force de notre « faible » prière, la lumière de notre prière « éteinte », le feu de notre prière « sèche », et nous donne la véritable liberté intérieure, nous enseignant à vivre en affrontant les épreuves de l'existence, dans la certitude que nous ne sommes pas seuls, en nous ouvrant aux horizons de l'humanité et de la création qui « crie sa souffrance, [...] passe par les douleurs d'un enfantement qui dure encore » (Rm 8, 22).

PAPE FRANÇOIS

Toujours prier, sans vous fatiguer

La parabole évangélique que nous venons d'écouter (voir Lc 18, 1-8) contient un enseignement important : « Il faut prier sans cesse et ne pas se décourager » (voir v. 1). Il ne s'agit donc pas de prier quelquefois, quand j'en ai envie. Non, Jésus dit qu'il faut « prier sans cesse et ne pas se décourager ». Et il donne l'exemple de la veuve et du juge.

Le juge est un personnage puissant, appelé à émettre des sentences sur la base de la Loi de Moïse. C'est pourquoi la tradition biblique recommandait que les juges soient des personnes craignant Dieu, dignes de foi, impartiales et incorruptibles (voir Ex 18, 21). Au contraire, ce juge « ne craignait pas Dieu et n'avait de considération pour personne » (v. 2). C'était un juge inique, sans scrupule, qui ne tenait pas compte de la Loi mais qui faisait ce qu'il voulait, selon son intérêt. Une veuve s'adresse à lui pour qu'on lui rende justice. Les veuves, avec les orphelins et les étrangers, étaient les catégories les plus faibles de la société. Les droits qui leur étaient assurés par la Loi pouvaient facilement être foulés aux pieds car, étant des personnes seules et sans défense, elles pouvaient difficilement se faire valoir : une pauvre veuve, là, toute seule, n'était défendue par personne, on pouvait l'ignorer et aussi ne pas lui rendre justice. Il en allait de même pour l'orphelin, pour l'étranger, le migrant : à cette époque, cette problématique était très forte. Face à l'indifférence du juge, la veuve a recours à son unique arme : continuer à l'importuner avec insistance, en lui présentant sa demande de justice. Et c'est précisément grâce à cette persévérance qu'elle atteint son but. En effet, à un certain moment, le juge répond à son souhait, non parce qu'il est animé par la miséricorde, ni parce que sa conscience le lui impose ; il admet simplement : « Comme cette veuve m'importune, je vais lui rendre justice, pour qu'elle ne vienne pas sans fin me rompre la tête » (v. 5).

Jésus tire une double conclusion de cette parabole : si la veuve a réussi à faire plier le juge malhonnête avec ses requêtes insistantes, Dieu plus encore, qui est un Père bon et juste, « fera justice à ses élus qui crient vers lui jour et nuit » ; et en outre, il « ne les fera pas attendre longtemps », mais « il leur fera prompte justice » (voir v. 7-8).

C'est pourquoi Jésus exhorte à prier « sans se décourager ». Nous éprouvons tous des moments de lassitude ou de découragement, en particulier quand notre prière semble inefficace. Mais Jésus nous l'assure : à la différence du juge malhonnête, Dieu exauce rapidement ses enfants, même si cela ne signifie pas qu'il le fasse selon les temps et les modes que nous souhaiterions. La prière n'est pas une baguette magique !

Celle-ci aide à conserver la foi en Dieu, à nous en remettre à Lui également quand nous n'en comprenons pas la volonté. En cela, Jésus lui-même – qui priait tant ! – est un exemple pour nous : La Lettre aux Hébreux nous rappelle qu'« aux jours de sa chair, il présenta, avec une violente clameur et des larmes, des implorations et des supplications à celui qui pouvait le sauver de la mort, et fut exaucé en raison de sa piété » (He 5, 7). À première vue, cette information semble invraisemblable, car Jésus est mort sur la Croix. Pourtant, la Lettre aux Hébreux ne se trompe pas : Dieu a vraiment sauvé Jésus de la mort en lui accordant une victoire complète sur celle-ci, mais le chemin parcouru pour l'obtenir est passé à travers la mort elle-même ! La référence à la supplication que Dieu a exaucée renvoie à la prière de Jésus à Gethsémani. Assailli par une angoisse pressante, Jésus prie le Père pour qu'il le libère de la coupe amère de la passion, mais sa prière est remplie de sa confiance dans le Père et il s'en remet sans réserve à sa volonté : « Cependant, dit Jésus, non pas comme je veux, mais comme tu veux » (Mt 26, 39). L'objet de la prière passe au second plan ; ce qui importe tout d'abord est la relation avec le Père. Voilà ce que fait la prière : elle transforme le désir et le façonne selon la volonté de Dieu, quelle qu'elle soit, car celui qui prie aspire tout d'abord à l'union avec Dieu, qui est Amour miséricordieux.

La parabole se termine par une question : « Mais le Fils de l'homme, quand il viendra, trouvera-t-il la foi sur la terre ? » (v. 8). Et cette question est un avertissement pour tous : nous ne devons pas cesser de prier, même si nous ne sommes pas exaucés. C'est la prière qui conserve la foi, sans elle la foi vacille ! Demandons au Seigneur une foi qui se fasse prière incessante, persévérante, comme celle de la veuve de la parabole, une foi qui se nourrisse du désir de sa venue. Et nous ferons alors l'expérience de la compassion de Dieu, qui vient comme un Père à la rencontre de ses enfants plein d'amour miséricordieux.

Le sens religieux

Pour Ludwig Wittgenstein, « prier signifie sentir que le sens du monde est en dehors du monde ». Pour chaque chrétien, rappelle Benoît XVI, la prière est une relation personnelle avec Dieu, et « même si l'homme oublie son Créateur, le Dieu vivant et vrai ne cesse d'appeler le premier l'homme à la rencontre mystérieuse de la prière ». Et comment devrions-nous prier ? Le pape François cite la parabole du pharisien et du publicain, ce dernier se présentant « les mains vides » et ne pouvant que « mendier la miséricorde de Dieu ». Parce que « Dieu a une faiblesse : une faiblesse pour les humbles. Devant un cœur humble, Dieu ouvre totalement son cœur ».

BENOÎT XVI

Homo sapiens, homo faber, homo religiosus

La prière et le sentiment religieux font partie de l'homme tout au long de son histoire.

Nous vivons à une époque où les signes du sécularisme sont évidents. Dieu semble être disparu de l'horizon de diverses personnes ou devenu une réalité envers laquelle on demeure indifférent. Nous voyons toutefois, dans le même temps, de nombreux signes qui nous indiquent un réveil du sentiment religieux, une redécouverte de l'importance de Dieu pour la vie de l'homme, une exigence de spiritualité, de dépasser une vision purement horizontale et matérielle de la vie humaine. En regardant l'histoire récente, on constate l'échec de ceux qui, à l'époque des Lumières, prévoyaient la disparition des religions et exaltaient une raison absolue, détachée de la foi, une raison qui devait écraser les ténèbres des dogmatismes religieux et dissoudre le « monde du sacré », en restituant à l'homme sa liberté, sa dignité et son autonomie de Dieu. L'expérience du siècle dernier, avec les deux tragiques guerres mondiales, a remis en question ce progrès que la raison autonome, l'homme sans Dieu, semblait pouvoir garantir.

Le *Catéchisme de l'Église catholique* affirme :

> Par la création, Dieu appelle tout être du néant à l'existence [...]. Même après avoir perdu la ressemblance avec

Dieu par son péché, l'homme reste à l'image de son Créateur. Il garde le désir de Celui qui l'appelle à l'existence. Toutes les religions témoignent de cette quête essentielle des hommes [n. 2566].

Nous pourrions dire qu'il n'y a eu aucune grande civilisation, des temps les plus reculés jusqu'à nos jours, qui n'ait été religieuse.

L'homme est par nature religieux, il est *homo religiosus* comme il est *homo sapiens* et *homo faber* : « Le désir de Dieu – affirme encore le *Catéchisme* – est inscrit dans le cœur de l'homme, car l'homme est créé par Dieu et pour Dieu » (n. 27). L'image du Créateur est imprimée dans son être et il ressent le besoin de trouver une lumière pour donner une réponse aux questions qui concernent le sens profond de la réalité ; réponse qu'il ne peut trouver en lui-même, dans le progrès, dans la science empirique. L'*homo religiosus* ne ressort pas seulement des mondes antiques, il traverse toute l'histoire de l'humanité. À ce propos, le riche terrain de l'expérience humaine a vu naître diverses formes de religiosité, dans la tentative de répondre au désir de plénitude et de bonheur, au besoin de salut, à la recherche de sens. L'homme « numérique », tout comme celui des cavernes, cherche dans l'expérience religieuse le moyen de dépasser sa finitude et d'assurer son aventure terrestre précaire. D'ailleurs, sans un horizon transcendant, la vie perdrait son sens plénier et le bonheur, auquel nous tendons tous, est projeté spontanément vers l'avenir, dans un lendemain qui reste encore à réaliser. Le concile Vatican II, dans la déclaration *Nostra aetate*, l'a souligné de façon synthétique :

Les hommes attendent des diverses religions la réponse aux énigmes cachées de la condition humaine, qui, hier comme aujourd'hui, agitent profondément le cœur humain : Qu'est-ce que l'homme ? Quel est le sens et le but de la

> vie ? Qu'est-ce que le bien et qu'est-ce que le péché ? Quels sont l'origine et le but de la souffrance ? Quelle est la voie pour parvenir au vrai bonheur ? Qu'est-ce que la mort, le jugement et la rétribution après la mort ? Qu'est-ce enfin que le mystère dernier et ineffable qui embrasse notre existence, d'où nous tirons notre origine et vers lequel nous tendons ? [n. 1].

L'homme sait qu'il ne peut répondre seul à son besoin fondamental de comprendre. Même s'il a nourri et nourrit encore l'illusion de se suffire à lui-même, il fait l'expérience de ne pas se suffire à lui-même. Il a besoin de s'ouvrir à autre chose, à quelque chose ou à quelqu'un qui puisse lui donner ce qui lui manque, il doit sortir de lui-même pour aller vers Celui qui est en mesure de remplir l'ampleur et la profondeur de son désir.

L'homme porte en lui une soif d'infini, une nostalgie d'éternité, une recherche de beauté, un désir d'amour, un besoin de lumière et de vérité, qui le poussent vers l'Absolu ; l'homme porte en lui le désir de Dieu. Et l'homme sait, d'une certaine façon, qu'il peut s'adresser à Dieu, il sait qu'il peut le prier. Saint Thomas d'Aquin, l'un des plus grands théologiens de l'histoire, définit la prière comme l'« expression du désir que l'homme a de Dieu ». Cette attraction vers Dieu, que Dieu lui-même a placée dans l'homme, est l'âme de la prière, qui revêt ensuite tant de formes et de modalités selon l'histoire, le temps, le moment, la grâce et même le péché de chaque orant. L'histoire de l'homme a, en effet, connu diverses formes de prière, car il a développé différentes modalités d'ouverture vers l'Autre et vers l'Au-delà, si bien que nous pouvons reconnaître la prière comme une expérience présente dans chaque religion et culture.

En effet, la prière n'est pas liée à un contexte particulier, mais elle se trouve inscrite dans le cœur de chaque personne et de chaque civilisation. Naturellement, lorsque nous parlons de prière comme expérience de l'homme en tant que tel, de l'*homo orans*, il est nécessaire d'avoir à l'esprit que celle-ci est une attitude intérieure, avant d'être une série de pratiques et de formules, une manière d'être devant Dieu avant d'être l'accomplissement d'actes de culte ou la prononciation de paroles. La prière a son centre et plonge ses racines au plus profond de la personne ; c'est pourquoi elle n'est pas facilement déchiffrable et, pour le même motif, elle peut être sujette à des malentendus et à des mystifications. C'est dans ce sens également que nous pouvons comprendre l'expression : prier est difficile. En effet, la prière est le lieu par excellence de la gratuité, de la tension vers l'Invisible, l'Inattendu, l'Ineffable. C'est pourquoi l'expérience de la prière est un défi pour tous, une « grâce » à invoquer, un don de Celui à qui nous nous adressons.

Dans la prière, à chaque époque de l'histoire, l'homme se considère lui-même, ainsi que sa situation face à Dieu, à partir de Dieu et par rapport à Dieu, et il fait l'expérience d'être une créature qui a besoin d'aide, incapable de se procurer toute seule l'accomplissement de sa propre existence et de sa propre espérance. Le philosophe Ludwig Wittgenstein rappelait que « prier signifie sentir que le sens du monde est en dehors du monde ». Dans la dynamique de cette relation avec celui qui donne un sens à l'existence, avec Dieu, la prière trouve l'une de ses expressions typiques dans le geste de se mettre à genoux. C'est un geste qui contient en lui-même une ambivalence radicale : en effet, je peux être contraint de me mettre à genoux – condition d'indigence et d'esclavage –, mais je peux également m'agenouiller spontanément, en déclarant ma limite et, donc, mon besoin d'un Autre. C'est à lui que je déclare être faible, nécessiteux, « pécheur ». Dans l'expérience de la prière, la créature humaine exprime toute la conscience de soi, tout ce qu'elle réussit à saisir de sa propre existence et, dans le même temps, elle se tourne entièrement vers l'Être face auquel elle se trouve, elle oriente son âme vers ce Mystère dont elle attend l'accomplissement des désirs les plus profonds et l'aide pour surmonter l'indigence de sa propre vie. Dans le fait de regarder un Autre, de se diriger « au-delà » se trouve l'essence de la prière, comme expérience d'une réalité qui dépasse ce qui est sensible et contingent.

Toutefois, c'est uniquement en Dieu qui se révèle que la recherche de l'homme s'accomplit pleinement. La prière qui est ouverture et élévation du cœur à Dieu, devient ainsi un rapport personnel avec Lui. Et même si l'homme oublie son Créateur, le Dieu vivant et vrai ne cesse d'appeler le premier l'homme à la rencontre mystérieuse de la prière. Comme l'affirme le *Catéchisme* :

> Cette démarche d'amour du Dieu fidèle est toujours première dans la prière, la démarche de l'homme est toujours une réponse. Au fur et à mesure que Dieu se révèle et révèle l'homme à lui-même, la prière apparaît comme un appel réciproque, un drame d'Alliance. À travers des paroles et des actes, ce drame engage le cœur. Il se dévoile à travers toute l'histoire du salut [n. 2567].

Apprenons à demeurer davantage devant Dieu, Dieu qui s'est révélé en Jésus Christ, apprenons à reconnaître dans le silence, dans l'intimité de nous-mêmes, sa voix qui nous appelle et nous ramène à la profondeur de notre existence, à la source de la vie, à l'origine du salut, pour nous faire aller au-delà de la limite de notre vie et nous ouvrir à la mesure de Dieu, à la relation avec Lui, qui est Amour infini.

PAPE FRANÇOIS
Mendier la miséricorde de Dieu

La parabole du juge et de la veuve fait réfléchir sur la nécessité de prier avec persévérance. Aujourd'hui, avec une autre parabole, Jésus veut nous enseigner quelle est l'attitude juste pour prier et invoquer la miséricorde du Père ; comment on doit prier ; l'attitude juste pour prier. C'est la parabole du pharisien et du publicain (voir Lc 18, 9-14).

Les deux protagonistes montent au temple pour prier, mais agissent de façons très différentes, obtenant des résultats opposés. Le pharisien prie, « se tient debout » (v. 11) et utilise beaucoup de paroles. Sa prière est certes une prière d'action de grâce adressée à Dieu, mais en réalité, c'est un étalage de ses mérites, avec un sentiment de supériorité envers les « autres hommes », qualifiés de « voleurs, injustes, adultères », comme – et il montre l'autre qui était là – « ce publicain » par exemple (v. 11). Mais c'est précisément là qu'est le problème : ce pharisien prie Dieu, mais en vérité il se tourne vers lui-même. Il prie lui-même ! Au lieu d'avoir devant les yeux le Seigneur, il a un miroir. Bien que se trouvant dans le temple, il ne ressent pas la nécessité de se prosterner devant la majesté de Dieu ; il se tient debout, il se sent sûr, comme s'il était le maître du temple ! Il énumère les bonnes œuvres commises : il est irrépréhensible, il observe la Loi au-delà de ce qui est dû ; jeûne « deux fois par semaine » et paie la « dîme » de tout ce qu'il possède.

En somme, plus que prier, le pharisien se complaît de sa propre observance des préceptes. Et pourtant, son attitude et ses paroles sont éloignées de la façon d'agir et de parler de Dieu, qui aime tous les hommes et ne méprise pas les pécheurs. Au contraire, ce pharisien méprise les pécheurs, même quand il montre l'autre qui est là. En somme, le pharisien, qui se considère juste, néglige le commandement le plus important : l'amour pour Dieu et pour son prochain.

Il ne suffit donc pas de nous demander *combien* nous prions, nous devons aussi nous demander comment nous prions, ou mieux, *comment est notre cœur :* il est important de l'examiner pour juger les pensées, les sentiments et extirper l'arrogance et l'hypocrisie. Mais moi, je me demande : peut-on prier avec arrogance ? Non. Peut-on prier avec hypocrisie ? Non. Nous devons uniquement prier en nous plaçant devant Dieu tels que nous sommes. Non pas comme le pharisien qui priait avec arrogance et hypocrisie. Nous sommes tous pris par la frénésie du rythme quotidien, souvent à la merci de sensations, étourdis, confus. Il est nécessaire d'apprendre à retrouver le chemin vers notre cœur, retrouver la valeur de l'intimité et du silence, parce que c'est là que Dieu nous rencontre et nous parle. Ce n'est qu'à partir de là que nous pouvons, à notre tour, rencontrer les autres et parler avec eux. Le pharisien s'est mis en route vers le temple, il est sûr de lui, mais il ne s'aperçoit pas qu'il a égaré le chemin de son cœur.

Le publicain en revanche – l'autre – se présente au temple l'âme humble et repentie : « se tenant à distance, il n'osait même pas lever les yeux vers le ciel ; mais il se frappait la poitrine » (v. 13). Sa prière est très brève et n'est pas aussi longue que celle du pharisien : « Mon Dieu, aie pitié du pécheur que je suis. » Rien de plus. Quelle belle prière ! En effet, les collecteurs d'impôts – appelés précisément, « publicains » – étaient considérés comme des personnes impures, soumises aux dominateurs étrangers, ils étaient mal vus des gens et associés en général aux « pécheurs ». La parabole enseigne que l'on est juste ou pécheur non pas en raison de son appartenance sociale, mais selon sa façon de se comporter envers Dieu et de se comporter envers ses frères. Les gestes de pénitence et les quelques paroles simples du publicain témoignent de sa conscience en ce qui concerne sa misérable condition. Sa prière est essentielle. Il agit en personne humble, sûr uniquement d'être un pécheur qui a besoin de pitié. Si le pharisien ne demandait rien parce qu'il avait déjà tout, le publicain ne peut que mendier la miséricorde de Dieu. Et cela est beau : mendier la miséricorde de Dieu ! Se présentant « les mains vides », le cœur nu et se reconnaissant pécheur, le publicain nous montre à tous la condition nécessaire pour recevoir le pardon du Seigneur. À la fin, c'est précisément lui, si méprisé, qui devient une icône du véritable croyant.

Jésus conclut la parabole par une phrase : « Je vous le déclare : quand ce dernier – c'est-à-dire le publicain – redescendit dans sa maison, c'est lui qui était devenu un homme juste, plutôt que l'autre. Qui s'élève sera abaissé ; qui s'abaisse sera élevé » (v. 14). De ces deux hommes, lequel est corrompu ? Le pharisien. Le pharisien est précisément l'icône du corrompu qui fait semblant de prier, mais qui n'arrive qu'à se pavaner devant un miroir. C'est un corrompu qui fait semblant de prier. Ainsi, dans la vie, celui qui se croit juste et juge les autres et les méprise, est un corrompu et un hypocrite. L'orgueil compromet toute bonne action, vide la prière, éloigne de Dieu et des autres. Si Dieu privilégie l'humilité, ce n'est pas pour nous avilir : l'humilité est plutôt la condition nécessaire pour être relevés par Lui, afin de faire l'expérience de la miséricorde qui comble nos vides. Si la prière de l'orgueilleux n'atteint pas le cœur de Dieu, l'humilité du misérable l'ouvre pleinement. Dieu a une faiblesse : la faiblesse des humbles. Devant un cœur humble, Dieu ouvre entièrement son cœur. C'est cette humilité que la Vierge Marie exprime dans le cantique du *Magnificat* : « Il s'est penché sur son humble servante [...], Sa miséricorde s'étend d'âge en âge sur ceux qui le craignent » (Lc 1, 48-50). Qu'elle, qui est notre Mère, nous aide à prier avec le cœur humble. Et nous, répétons trois fois cette belle prière : « Mon Dieu, aie pitié du pécheur que je suis. »

Marthe et Marie

L'activité pratique au service des autres et la prière sont deux éléments fondamentaux, mais c'est la rencontre avec Dieu qui donne sens à la vie à la fois de l'Église, comme l'explique Benoît XVI, mais aussi d'une famille ou d'une personne, dans le texte du pape François.

BENOÎT XVI

La primauté de la prière et de la Parole de Dieu

Depuis les débuts de son chemin, l'Église s'est trouvée à devoir affronter des situations imprévues, de nouvelles questions et urgences auxquelles elle a tenté d'apporter des réponses à la lumière de la foi, en se laissant guider par l'Esprit Saint. Je voudrais m'arrêter pour réfléchir sur une autre de ces situations, sur un problème sérieux que la première communauté chrétienne de Jérusalem a dû affronter et résoudre, comme nous le raconte saint Luc dans le sixième chapitre des Actes des apôtres, à propos de la pastorale de la charité envers les personnes seules et ayant besoin d'aide et d'assistance. La question n'est pas secondaire pour l'Église et risquait à ce moment-là de créer des divisions en son sein : le nombre des disciples, en effet, était en constante augmentation, mais les disciples de langue grecque commençaient à se plaindre des disciples de langue hébraïque parce que leurs veuves étaient négligées dans la distribution quotidienne (voir Ac 6, 1). Face à cette urgence qui concernait un aspect fondamental dans la vie de la communauté, c'est-à-dire la charité envers les plus faibles, pauvres et sans défense, et la justice, les apôtres convoquent tout le groupe des disciples. Dans ce moment d'urgence pastorale, on est frappé par le discernement démontré par les apôtres. Ils se trouvent face à l'exigence primaire d'annoncer la Parole de Dieu selon le mandat du Seigneur, mais

– même si c'est là l'exigence primaire de l'Église – ils considèrent avec tout autant de sérieux le devoir de la charité et de la justice, c'est-à-dire le devoir d'assister les veuves, les pauvres, de résoudre avec amour les situations de besoin où se trouvent leurs frères et sœurs, pour répondre au commandement de Jésus : aimez-vous les uns les autres comme moi je vous ai aimés (voir Jn 15, 12.17). Les deux réalités qui doivent vivre dans l'Église – l'annonce de la Parole, le primat de Dieu, et la charité concrète, la justice –, sont donc en train de créer des difficultés et il faut trouver une solution, pour que toutes deux puissent avoir leur place, leur relation nécessaire. La réflexion des apôtres est très claire, ils disent, comme nous l'avons entendu :

> Il n'est pas normal que nous délaissions la parole de Dieu pour le service des repas. Cherchez plutôt, frères, sept d'entre vous, qui soient des hommes estimés de tous, remplis d'Esprit Saint et de sagesse, et nous leur confierons cette tâche. Pour notre part, nous resterons fidèles à la prière et au service de la Parole [Ac 6, 2-4].

Deux choses apparaissent : d'abord, il existe à partir de ce moment-là dans l'Église un ministère de la charité. L'Église ne doit pas seulement annoncer la Parole, mais aussi réaliser la Parole, qui est charité et vérité. Et, deuxième point, ces hommes non seulement doivent jouir d'une bonne réputation, mais doivent être des hommes remplis d'Esprit Saint et de sagesse, c'est-à-dire qu'ils ne peuvent pas seulement être des organisateurs qui savent « faire », mais ils doivent « faire » dans l'esprit de la foi avec la lumière de Dieu, avec la sagesse dans le cœur, et donc leur fonction aussi – bien que surtout pratique – est toutefois une fonction spirituelle. La charité et la justice ne sont pas seulement des actions sociales, mais sont des actions spirituelles réalisées à la lumière de l'Esprit Saint. Nous pouvons donc dire que cette situation est affrontée avec une grande responsabilité par les apôtres, qui prennent alors cette décision : sept hommes sont choisis ; les apôtres prient pour demander la force de l'Esprit Saint ; puis ils leur imposent les mains afin qu'ils se consacrent de façon particulière à cette diaconie de la charité. Ainsi, dans la vie de l'Église, dans les premiers pas qu'elle accomplit, se reflète, d'une certaine façon, ce qui était advenu au cours de la vie publique de Jésus, dans la maison de Marthe et de Marie à Béthanie. Marthe était prise tout entière par le service de l'hospitalité à offrir à Jésus et à ses disciples ; Marie, en revanche, se consacre à l'écoute de la Parole du Seigneur (voir Lc 10, 38-42). Dans les deux cas, on n'oppose pas les moments de la prière et de l'écoute de Dieu, et l'activité quotidienne, l'exercice de la charité. Le rappel de Jésus : « Marthe, Marthe, tu t'inquiètes et tu t'agites pour bien des choses. Une seule est nécessaire. Marie a choisi la meilleure part : elle ne lui sera pas enlevée » (Lc 10, 41-42), ainsi que la réflexion des apôtres : « Pour notre part, nous resterons fidèles à la prière et au service de la Parole » (Ac 6, 4), montrent la priorité que nous devons accorder à Dieu. Je ne voudrais pas entrer maintenant dans l'interprétation de cet épisode de Marthe et de Marie. Quoi qu'il en soit, on ne doit pas condamner l'activité à l'égard du prochain, pour l'autre, mais il faut souligner qu'elle doit aussi être imprégnée intérieurement par l'esprit de contemplation. D'autre part, saint Augustin dit que cette réalité de Marie est une vision de notre situation au ciel, sur la terre nous ne pouvons donc jamais y parvenir complètement, mais un peu d'anticipation doit être présente dans toute notre activité. La contemplation de Dieu doit aussi être présente. Nous ne devons pas nous perdre dans l'activisme pur, mais nous laisser toujours aussi pénétrer dans notre activité par la lumière de la Parole de Dieu et ainsi apprendre la véritable charité, le véritable service pour l'autre, qui n'a pas besoin de tant de choses – il a assurément besoin des choses nécessaires – mais il a surtout besoin de l'affection de notre cœur, de la lumière de Dieu.

Saint Ambroise, en commentant l'épisode de Marthe et Marie, exhorte ainsi ses fidèles, et nous aussi :

> Cherchons à avoir nous aussi ce qui ne peut pas nous être ôté, en prêtant à la parole du Seigneur une attention diligente, qui ne soit pas distraite : il arrive aussi aux semences de la parole céleste d'être emportées au loin, si elles sont semées le long de la route. Que le désir de savoir te stimule toi aussi, comme Marie : telle est l'œuvre la plus grande, la plus parfaite.

Et il ajoute que même « le soin du ministère ne doit pas distraire de la connaissance de la parole céleste », de la prière (*Expositio Evangelii secundum Lucam*, VII, 85).

Les saints ont donc expérimenté une profonde unité de vie entre la prière et l'action, entre l'amour total pour Dieu et l'amour pour leurs frères. Saint Bernard, qui est un modèle d'harmonie entre contemplation et activité, dans le livre *De consideratione*, adressé au pape Eugène III pour lui offrir quelques réflexions à propos de son ministère, insiste précisément sur l'importance du recueillement intérieur, de la prière pour se défendre des dangers d'une activité excessive, quelle que soit la condition dans laquelle on se trouve et la tâche que l'on accomplit. Saint Bernard affirme que les occupations trop nombreuses, une vie frénétique, finissent souvent par endurcir le cœur et faire souffrir l'esprit (voir II, 3).

C'est un rappel précieux pour nous aujourd'hui, habitués à tout évaluer selon le critère de la productivité et de l'efficacité. Le passage des Actes des apôtres nous rappelle l'importance du travail – un véritable ministère est sans aucun doute créé –, de l'engagement dans les activités quotidiennes qui doivent être accomplies avec responsabilité et dévouement, mais également de notre besoin de Dieu, de sa direction, de sa lumière qui nous donnent force et espérance. Sans la prière quotidienne vécue avec fidélité, notre action devient vide, perd son âme profonde, se réduit à un simple activisme qui, à la fin, nous laisse insatisfaits. Il existe une belle invocation de la tradition chrétienne qu'il faut réciter avant toute activité, qui dit :

> *Actiones nostras, quæsumus, Domine, aspirando præveni et adiuvando prosequere, ut cuncta nostra oratio et operatio a te semper incipiat, et per te coepta finiatur.*
>
> Inspire nos actions, Seigneur, et accompagne-les par ton assistance, pour que chacune de nos paroles et de nos actions possède toujours en toi son début et en toi son accomplissement.

Chaque pas de notre vie, chaque action, également de l'Église, doit être faite devant Dieu, à la lumière de sa Parole.

Lorsque la prière est alimentée par la Parole de Dieu, nous pouvons voir la réalité avec un regard neuf, avec les yeux de la foi et le Seigneur, qui parle à l'esprit et au cœur, donne une nouvelle lumière au chemin à tout moment et dans toutes les situations. Nous croyons dans la force de la Parole de Dieu et de la prière. La difficulté que vivait l'Église face au problème du service aux pauvres, à la question de la charité, est surmontée dans la prière, à la lumière de Dieu, de l'Esprit Saint. Les apôtres ne se limitent pas à ratifier le choix d'Étienne et des autres hommes, mais « après avoir prié, ils leur imposèrent les mains » (Ac 6, 6). L'évangéliste rappellera à nouveau ces gestes à l'occasion de l'élection de Paul et Barnabé, quand nous lisons : « Après avoir jeûné et prié, ils leur imposèrent les mains et les laissèrent à leur mission » (Ac 13, 3). Il confirme à nouveau que le service concret de la charité est un service spirituel. Les deux réalités doivent aller de pair.

Avec le geste de l'imposition des mains, les apôtres confèrent un ministère particulier à sept hommes, afin que leur soit donnée la grâce correspondante. L'accent placé sur la prière – « après avoir prié », disent-ils – est important car il souligne précisément la dimension spirituelle du geste ; il ne s'agit pas simplement de conférer une charge comme c'est le cas dans une organisation sociale, mais il s'agit d'un événement ecclésial dans lequel l'Esprit Saint s'approprie sept hommes choisis par l'Église, en les consacrant dans la Vérité qui est Jésus Christ : Il est le protagoniste silencieux, présent dans l'imposition des mains, afin que les élus soient transformés par sa puissance et sanctifiés pour affronter les défis pratiques, les défis pastoraux. L'accent sur la prière nous rappelle en outre que ce n'est que du rapport intime avec Dieu cultivé chaque jour que naît la réponse au choix du Seigneur et qu'est confié chaque ministère dans l'Église.

Le problème pastoral qui a conduit les apôtres à choisir et à imposer les mains sur sept hommes chargés du service de la charité, pour se consacrer eux-mêmes à la prière et à l'annonce de la Parole, nous indique également le primat de la prière et de la Parole de Dieu qui toutefois, produit ensuite l'action pastorale. Pour les pasteurs, il s'agit de la forme de service première et plus précieuse à l'égard du troupeau qui leur est confié. Si les poumons de la prière et de la Parole de Dieu n'alimentent pas le souffle de notre vie spirituelle, nous risquons de suffoquer au milieu des mille choses de chaque jour : la prière est le souffle de l'âme et de la vie. Et il y a un autre rappel précieux que je voudrais souligner : dans le rapport avec Dieu, dans l'écoute de sa Parole, dans le dialogue avec Dieu, même lorsque nous nous trouvons dans le silence d'une église ou de notre chambre, nous sommes unis au Seigneur et à de nombreux frères et sœurs dans la foi comme un ensemble d'instruments qui, même dans leur individualité, élèvent à Dieu une unique grande symphonie d'intercession, d'action de grâce et de louange.

PAPE FRANÇOIS
« La meilleure part » du temps

La plainte la plus fréquente des chrétiens concerne précisément le temps : « Je devrais prier davantage… ; je voudrais le faire, mais souvent je n'ai pas le temps. » Nous l'entendons sans cesse. Le regret est sincère, assurément, car le cœur humain cherche toujours la prière, même sans le savoir ; et s'il ne la trouve pas, il n'est pas en paix. Mais pour qu'ils se rencontrent, il faut cultiver dans son cœur un amour « chaleureux » pour Dieu, un amour affectif.

Nous pouvons nous poser une question très simple. C'est une bonne chose de croire en Dieu de tout son cœur, d'espérer qu'il nous aide dans les difficultés, de ressentir le devoir de lui rendre grâce. Tout cela est juste. Mais *aimons-nous un peu le Seigneur ?* La pensée de Dieu nous émeut-elle, nous émerveille-t-elle, nous attendrit-elle ?

Pensons à la formulation du grand commandement, qui soutient tous les autres : « Tu aimeras Yahvé, ton Dieu, de tout ton cœur, de toute ton âme et de tout ton pouvoir » (Dt 6, 5 ; voir Mt 22, 37). La formule utilise le langage intensif de l'amour, en le transposant à Dieu. Voilà, l'esprit de prière habite là avant tout. Et s'il habite là, il y habite tout le temps et n'en sort jamais. Réussissons-nous à penser à Dieu comme à la caresse qui nous tient en vie, avant laquelle il n'existe rien ? Une caresse de laquelle rien, même pas la mort, ne peut nous détacher ? Ou bien pensons-nous à lui seulement comme le grand Être, le Tout-Puissant qui a fait toute chose, le Juge qui contrôle chaque action ? Tout cela est vrai, naturellement. Mais ce n'est que quand Dieu est celui pour qui tous ceux que nous aimons éprouvent de l'affection, que le sens de ces mots prend toute sa plénitude. Alors nous nous sentons heureux, et aussi un peu perdus, car il pense à nous et surtout il nous aime ! Cela n'est-il pas impressionnant ? Cela n'est-il pas impressionnant que Dieu nous caresse avec un amour de Père ? C'est si beau ! Il pouvait simplement se faire reconnaître comme l'Être suprême, donner ses commandements et attendre les résultats. En revanche, Dieu a fait infiniment plus que cela. Il nous accompagne sur le chemin de la vie, il nous protège, il nous aime.

Si l'affection pour Dieu n'allume pas le feu, l'esprit de la prière ne réchauffe pas le temps. Nous pouvons aussi multiplier nos paroles, « comme le font les païens » dit Jésus ; ou bien également exhiber nos rites « comme le font les pharisiens » (voir Mt 6, 5.7). Un cœur habité par l'affection pour Dieu fait devenir prière également une pensée sans mots, ou une invocation devant une image sacrée, ou un baiser envoyé vers l'Église. C'est beau quand les mamans enseignent à leurs petits enfants à envoyer un baiser à Jésus ou à la Vierge. Combien de tendresse il y a là ! À ce moment, le cœur des enfants se transforme en un lieu de prière. Et c'est un don de l'Esprit Saint. N'oublions jamais de demander ce don pour chacun de nous ! C'est parce que l'Esprit de Dieu a cette manière spéciale de dire dans nos cœurs *Abba*, « Père », qu'il nous enseigne à dire « Père » précisément comme le disait Jésus, d'une manière que nous ne pourrions jamais trouver seuls (voir Ga 4, 6). C'est en famille que l'on apprend à demander et à apprécier ce don de l'Esprit. Si on l'apprend avec la même spontanéité avec laquelle on apprend à dire « papa » et « maman », on l'a appris pour toujours. Quand cela se produit, le temps de toute la vie familiale est enveloppé au sein de l'amour de Dieu, et cherche spontanément le temps de la prière.

Le temps de la famille, nous le savons bien, est un temps compliqué et rempli de personnes, d'affaires et de préoccupations. Il y en a toujours peu, il ne suffit jamais, il y a tant de choses à faire. Celui qui a une famille apprend vite à résoudre une équation que même les grands mathématiciens ne savent pas résoudre : en vingt-quatre heures, il réussit à faire ce qui demande le double du temps ! Il y a des mamans et des papas qui pourraient remporter le prix Nobel pour cela. De 24 heures ils réussissent à en faire 48 : je ne sais pas comment ils font, mais ils se bougent et le font ! Il y a tellement de travail dans une famille !

L'esprit de la prière restitue le temps à Dieu, sort de l'obsession d'une vie à laquelle il manque toujours le temps, retrouve la paix des choses nécessaires, et découvre la joie de dons inattendus. De bonnes guides pour cela sont les sœurs Marthe et Marie, dont parle l'Évangile ; elles apprirent de Dieu l'harmonie des rythmes familiaux : la beauté de la fête, la sérénité du travail, l'esprit de la prière (voir Lc 10, 38-42). La visite de Jésus, qu'elles aimaient tant, était leur fête. Mais un jour, Marthe apprit que le travail de l'hospitalité, bien qu'important, n'est pas tout, mais qu'écouter le Seigneur, comme le faisait Marie, était la chose vraiment essentielle, la « meilleure part » du temps. La prière jaillit de l'écoute de Jésus, de la lecture de l'Évangile. N'oubliez pas, il faut tous les jours lire un passage de l'Évangile. La prière jaillit de l'intimité avec la Parole de Dieu. Cette intimité existe-t-elle dans notre famille ? Avons-nous un Évangile à la maison ? L'ouvrons-nous quelques fois pour le lire ensemble ? Le méditons-nous en récitant le chapelet ? L'Évangile lu et médité en famille est comme un bon pain qui nourrit le cœur de tous. Et le matin et le soir, et quand nous nous mettons à table, apprenons à dire ensemble une prière, avec beaucoup de simplicité : c'est Jésus qui vient parmi nous, comme il allait dans les familles de Marthe, Marie et Lazare. Il y a une chose qui me tient beaucoup à cœur et que j'ai constatée dans les villes : il y a des enfants qui n'ont pas appris à faire le signe de la croix ! Alors toi maman, papa, apprends à ton enfant à prier, à faire le signe de la croix : cela est l'un des beaux devoirs des mères et des pères !

Dans la prière de la famille, dans ses moments forts et dans ses passages difficiles, nous sommes confiés les uns aux autres, pour que chacun de nous en famille soit protégé par l'amour de Dieu !

LA FAMILLE

Théologie de la famille

Dieu est père et l'Église est mère : il ne s'agit pas de deux métaphores, mais d'une réalité qui donne sens à la vérité de la foi et à celle de chaque famille. Et si pour Benoît XVI la révélation biblique présente Dieu comme un modèle de père à ceux qui, aujourd'hui, « ont connu un père trop autoritaire et inflexible, ou indifférent et peu affectueux, voire absent », le pape François illustre l'activité éducatrice de l'Église avec l'exemple d'une mère apprenant à ses trois enfants à donner la moitié d'un steak qu'ils ont dans leur assiette à un homme qui a faim.

BENOÎT XVI
Dieu est Père

Le credo commence par les mots : « Je crois en Dieu. » Mais la profession de foi précise cette affirmation : « Dieu est le Père tout-puissant, Créateur du ciel et de la terre. » Je voudrais donc réfléchir sur la définition première et fondamentale de Dieu que le credo nous présente : Il est le Père.

Il n'est pas toujours facile aujourd'hui de parler de paternité. En particulier dans le monde occidental, les familles désagrégées, les occupations professionnelles toujours plus prenantes, les préoccupations et souvent la difficulté d'équilibrer le budget familial, l'invasion dissipante des mass media au sein de la vie quotidienne sont parmi les nombreux facteurs qui peuvent empêcher une relation sereine et constructive entre pères et fils. La communication devient parfois difficile, la confiance vient à manquer et le rapport avec la figure paternelle peut devenir problématique ; de même qu'il devient problématique également d'imaginer Dieu comme un père, n'ayant aucun modèle de référence adéquat. Pour ceux qui ont fait l'expérience d'un père trop autoritaire et inflexible, ou indifférent et peu affectueux, ou même absent, il n'est pas facile de penser avec sérénité à Dieu comme un Père et de s'abandonner à Lui avec confiance.

Mais la révélation biblique aide à surmonter ces difficultés en nous parlant d'un Dieu qui nous montre ce que signifie véritablement être « père » ; et c'est surtout l'Évangile qui nous révèle ce visage de Dieu comme Père qui aime jusqu'au don de son propre Fils pour le salut de l'humanité. La référence à la figure paternelle aide donc à comprendre quelque chose de l'amour de Dieu qui demeure toutefois infiniment plus grand, plus fidèle, plus total que celui de n'importe quel homme.

> Quel est d'entre vous, dit Jésus pour montrer aux disciples le visage du Père, l'homme auquel son fils demandera du pain, et qui lui remettra une pierre ? Ou encore, s'il lui demande un poisson, lui remettra-t-il un serpent ? Si donc vous, qui êtes mauvais, vous savez donner de bonnes choses à vos enfants, combien plus votre Père qui est dans les cieux en donnera-t-il de bonnes à ceux qui l'en prient ! [Mt 7, 9-11 ; voir Lc 11, 11-13].

Dieu est pour nous un Père parce qu'il nous a bénis et choisis avant la création du monde (voir Ep 1, 3-6), il a fait de nous réellement ses fils en Jésus (voir 1 Jn 3, 1). Et, comme Père, Dieu accompagne avec amour notre existence, en nous donnant sa Parole, son enseignement, sa grâce, son Esprit.

Il est – comme le révèle Jésus – le Père qui nourrit les oiseaux du ciel sans qu'ils aient à semer et à moissonner, et revêt de couleurs merveilleuses les fleurs des champs, avec des vêtements plus beaux que ceux du roi Salomon (voir Mt 6, 26-32 ; Lc 12, 24-28) ; et nous – ajoute Jésus – nous valons bien plus que les fleurs et les oiseaux du ciel ! Et s'Il est si bon au point de faire « lever son soleil sur les méchants et sur les bons, et tomber la pluie sur les justes et sur les injustes » (Mt 5, 45), nous pourrons toujours, sans peur et dans un abandon total, nous confier à son pardon de Père quand nous nous trompons de chemin. Dieu est un Père bon qui accueille et embrasse le fils perdu et repenti (voir Lc 15, 11 s.), il donne gratuitement à ceux qui demandent (voir Mt 18, 19 ; Mc 11, 24 ;

Jn 16, 23) et offre le pain du ciel et l'eau vive qui fait vivre pour l'éternité (voir Jn 6, 32.51.58).

C'est pourquoi l'orant du Psaume 27, entouré par ses ennemis, assiégé par des méchants et des calomniateurs, alors qu'il cherche de l'aide du Seigneur et l'invoque, peut donner son témoignage plein de foi en affirmant : « Si mon père et ma mère m'abandonnent, le Seigneur m'accueillera » (v. 10). Dieu est un Père qui n'abandonne jamais ses enfants, un Père bienveillant qui soutient, aide, accueille, pardonne, sauve, avec une fidélité qui dépasse immensément celle des hommes, pour s'ouvrir à des dimensions d'éternité. « Car éternel est son amour ! » comme le répète telle une litanie, à chaque verset, le Psaume 136 en reparcourant l'histoire du salut. L'amour de Dieu le Père ne fait jamais défaut, il ne se lasse jamais de nous ; il est amour qui donne jusqu'au bout, jusqu'au sacrifice du Fils. La foi nous donne cette certitude, qui devient un roc sûr pour la construction de notre vie : nous pouvons affronter tous les moments de difficulté et de danger, l'expérience de l'obscurité de la crise et du temps de la douleur, soutenus par la confiance que Dieu ne nous laisse jamais seuls et est toujours proche, pour nous sauver et nous conduire à la vie éternelle.

C'est dans le Seigneur Jésus que se montre en plénitude le visage bienveillant du Père qui est aux cieux. C'est en le connaissant Lui que nous pouvons connaître aussi le Père (voir Jn 8, 19 ; 14, 7), c'est en le voyant Lui que nous pouvons voir le Père parce qu'il est le Père et le Père est en Lui (voir Jn 14, 9.11). Il est « image du Dieu invisible » comme le définit l'hymne de la Lettre aux Colossiens, « le premier-né par rapport à toute créature [...] le premier-né d'entre les morts », « par qui nous sommes rachetés et par qui nos péchés sont pardonnés » et par qui advient la réconciliation de toutes les choses, « sur la terre et dans les cieux, en faisant la paix par le sang de sa croix » (voir Col 1, 13-20).

La foi en Dieu le Père demande de croire dans le Fils, sous l'action de l'Esprit, en reconnaissant dans la Croix qui sauve la révélation définitive de l'amour de Dieu. Dieu est pour nous un Père en nous donnant son Fils ; Dieu est pour nous un Père en pardonnant notre péché et en nous conduisant à la joie de la vie ressuscitée ; Dieu est pour nous un Père en nous donnant l'Esprit qui nous rend fils et nous permet de l'appeler, en vérité, « Abba, Père » (voir Rm 8, 15). C'est pourquoi Jésus, en nous apprenant à prier, nous invite à dire « Notre Père » (Mt 6, 9-13 ; voir Lc 11, 2-4).

La paternité de Dieu, alors, est amour infini, tendresse qui se penche sur nous, faibles enfants, ayant besoin de tout. Le Psaume 103, le grand chant de la miséricorde divine, proclame : « Comme est forte la tendresse du père pour ses fils, la tendresse du Seigneur pour qui le craint ! Il sait de quoi nous sommes pétris, il se souvient que nous sommes poussière » (v. 13-14). C'est précisément notre petitesse, notre faible nature humaine, notre fragilité qui devient un appel à la miséricorde du Seigneur pour qu'il manifeste sa grandeur et tendresse de Père en nous aidant, en nous pardonnant et en nous sauvant.

Et Dieu répond à notre appel, en envoyant son Fils, qui meurt et ressuscite pour nous ; il entre dans notre fragilité et fait ce que l'homme n'aurait jamais pu faire seul : il prend sur Lui le péché du monde, comme un agneau innocent et nous rouvre la route vers la communion avec Dieu, fait de nous de vrais enfants de Dieu. C'est là, dans le Mystère pascal, que se révèle dans toute sa luminosité le visage définitif du Père. Et c'est là, sur la Croix glorieuse, qu'advient la manifestation pleine de la grandeur de Dieu comme « Père tout-puissant ».

Mais nous pourrions nous demander : comment est-il possible de penser à un Dieu tout-puissant en regardant la Croix du Christ ? À ce pouvoir du mal, qui arrive au point de tuer le Fils de Dieu ? Nous voudrions certainement une toute-puissance divine selon nos schémas mentaux et nos désirs : un Dieu « tout-puissant » qui résolve les problèmes, qui intervienne pour nous éviter les difficultés, qui l'emporte sur les puissances adverses, change le cours des événements et annule la douleur. Ainsi, aujourd'hui, différents théologiens disent que Dieu ne peut pas être tout-puissant, autrement il ne pourrait pas y avoir autant de souffrance, autant de mal dans le monde. En réalité, face au mal et à la souffrance, pour beaucoup, pour nous, il devient problématique, difficile, de croire en un Dieu le Père et le croire tout-puissant ; certains cherchent refuge dans des idoles, en cédant à la tentation de trouver une réponse dans une présumée toute-puissance « magique » et dans ses promesses illusoires.

Mais la foi en Dieu tout-puissant nous pousse à parcourir des sentiers bien différents : apprendre à connaître que la pensée de Dieu est différente de la nôtre, que les voies de Dieu sont différentes des nôtres (voir Is 55, 8) et que sa toute-puissance aussi est différente : elle ne s'exprime pas comme une force automatique ou arbitraire, mais elle est marquée par une liberté amoureuse et paternelle. En réalité, Dieu, en créant des créatures libres, en donnant la liberté, a renoncé à une partie de son pouvoir, en laissant le pouvoir de notre liberté. Ainsi, Il aime et respecte la réponse libre d'amour à son appel. Comme Père, Dieu désire que nous devenions ses fils et que nous vivions comme tels dans son Fils, en communion, en pleine familiarité avec Lui. Sa toute-puissance ne s'exprime pas dans la violence, elle ne s'exprime pas dans la destruction de tout pouvoir adverse comme nous le désirons, mais elle s'exprime dans l'amour, dans la miséricorde, dans le pardon, dans l'acceptation de notre liberté et dans l'appel inlassable à la conversion du cœur, dans une attitude qui n'est faible qu'en apparence – Dieu semble faible, si nous pensons à Jésus Christ qui prie, qui se fait tuer. Une attitude faible en apparence, faite de patience, de douceur et d'amour, démontre que telle est la vraie façon d'être puissant ! Telle est la puissance de Dieu ! Et cette puissance vaincra ! Le passage du Livre de la Sagesse s'adresse ainsi à Dieu :

> Tu as pitié de tous les hommes, parce que tu peux tout. Tu fermes les yeux sur leurs péchés, pour qu'ils se convertissent. Tu aimes en effet tout ce qui existe [...]. Mais tu épargnes tous les êtres, parce qu'ils sont à toi, Maître qui aimes la vie [Sg 11, 23-24a.26].

Seul celui qui est vraiment puissant peut supporter le mal et faire preuve de compassion ; seul celui qui est vraiment puissant peut pleinement exercer la force de l'amour. Et Dieu, à qui toutes les choses appartiennent, car tout a été fait par Lui, révèle sa force en aimant tout et tous, dans une attente patiente de notre conversion à nous, les hommes, qu'il désire avoir comme fils. Dieu attend notre conversion. L'amour tout-puissant de Dieu ne connaît pas de limites, au point qu'« il n'a pas refusé son propre Fils, il l'a livré pour nous tous » (Rm 8, 32). La toute-puissance de l'amour n'est pas celle du pouvoir du monde, mais elle est celle du don total, et Jésus, le Fils de Dieu, révèle au monde la véritable toute-puissance du Père en donnant sa vie pour nous pécheurs. Voilà la véritable, authentique et parfaite puissance divine : répondre au mal non par le mal mais par le bien, aux insultes par le pardon, à la haine meurtrière par l'amour qui fait vivre. Alors le mal est vraiment vaincu, parce qu'il est lavé par l'amour de Dieu ; alors la mort est définitivement vaincue car elle est transformée en don de la vie. Dieu le Père ressuscite le Fils : la mort, la grande ennemie (voir 1 Co 15, 26), est engloutie et privée de son poison (voir 1 Co 15, 54-55), et nous, libérés du péché, nous pouvons accéder à notre réalité de fils de Dieu.

PAPE FRANÇOIS

L'Église est une mère

On ne devient pas chrétiens tout seul, c'est-à-dire grâce à ses propres forces, de façon autonome, et on ne devient pas non plus chrétiens dans un laboratoire, mais l'on est engendré et éduqué dans la foi au sein de ce grand corps qu'est l'Église. Dans ce sens, l'Église est véritablement mère, notre mère l'Église – c'est beau de l'appeler ainsi : notre mère l'Église – une mère qui nous donne la vie dans le Christ et qui nous fait vivre avec tous les autres frères dans la communion de l'Esprit Saint.

Dans sa maternité, l'Église a comme modèle la Vierge Marie, le modèle le plus beau et le plus élevé qui puisse exister. C'est ce que les premières communautés chrétiennes ont déjà mis en lumière et que le concile Vatican II a exprimé de façon admirable (voir *Lumen gentium*, n. 63-64). La maternité de Marie est certainement unique, singulière et elle s'est réalisée dans la plénitude des temps, lorsque la Vierge donna le jour au Fils de Dieu, conçu par l'œuvre de l'Esprit Saint. Et toutefois, la maternité de l'Église se place précisément en continuité avec celle de Marie, comme son prolongement dans l'histoire. L'Église, dans la fécondité de l'Esprit, continue d'engendrer de nouveaux enfants dans le Christ, toujours dans l'écoute de la Parole de Dieu et dans la docilité à son dessein d'amour. L'Église est mère. La naissance de Jésus dans le sein de Marie, en effet, est le prélude de la naissance de chaque chrétien dans le sein de l'Église, à partir du moment où le Christ est l'aîné d'une multitude de frères (voir Rm 8, 29) et notre premier frère, Jésus, est né de Marie, il est le modèle et nous sommes tous nés dans l'Église. Nous comprenons alors combien la relation qui unit Marie et l'Église est plus que jamais profonde : en regardant Marie, nous découvrons le visage le plus beau et le plus tendre de l'Église, et en regardant l'Église, nous reconnaissons les traits sublimes de Marie. Nous, chrétiens, nous ne sommes pas orphelins, nous avons une maman, nous avons une mère, et cela est grand ! Nous ne sommes pas orphelins ! L'Église est mère, Marie est mère.

L'Église est notre mère parce qu'elle nous a engendrés dans le baptême. Chaque fois que nous baptisons un enfant, il devient fils de l'Église, il entre dans l'Église. Et à partir de ce jour, comme une mère attentionnée, elle nous fait grandir dans la foi et nous indique, avec la force de la Parole de Dieu, le chemin de salut, en nous défendant du mal.

L'Église a reçu de Jésus le trésor précieux de l'Évangile non pas pour le garder pour elle, mais pour le donner généreusement aux autres, comme le fait une maman. Dans ce service d'évangélisation se manifeste de façon particulière la maternité de l'Église, engagée, comme une mère, à offrir à ses enfants la nourriture spirituelle qui alimente et fait fructifier la vie chrétienne. Nous sommes donc tous appelés à accueillir avec un esprit et un cœur ouverts la Parole de Dieu que l'Église dispense chaque jour, parce que cette Parole a la capacité de nous changer de l'intérieur. Seule la Parole de Dieu a cette capacité de nous changer vraiment de l'intérieur, de transformer nos racines les plus profondes. La Parole de Dieu a ce pouvoir. Et qui nous donne la Parole de Dieu ? La mère Église. Elle nous allaite lorsque nous sommes enfants avec cette Parole, elle nous élève toute la vie avec cette Parole, et cela est grand ! C'est précisément la mère Église qui, à travers la Parole de Dieu, nous change de l'intérieur.

La Parole de Dieu que nous donne la mère Église nous transforme, fait que notre humanité vibre non pas selon la mondanité de la chair, mais selon l'Esprit.

Dans sa sollicitude maternelle, l'Église s'efforce de montrer aux croyants le chemin à parcourir pour vivre une existence féconde de joie et de paix. Illuminés par la lumière de l'Évangile et soutenus par la grâce des sacrements, en particulier l'Eucharistie, nous pouvons orienter nos choix vers le bien et traverser avec courage et espérance les moments sombres et les sentiers les plus tortueux. Le chemin de salut, à travers lequel l'Église nous guide et nous accompagne avec la force de l'Évangile et le soutien des sacrements, nous donne la capacité de nous défendre du mal. L'Église a le courage d'une mère qui sait qu'elle doit défendre ses enfants des dangers qui découlent de la présence de satan dans le monde, pour les conduire à la rencontre avec Jésus. Une mère défend toujours ses enfants. Cette défense consiste également à exhorter à la vigilance : veiller contre la tromperie et la séduction du malin. Parce que même si Dieu a vaincu satan, il revient toujours avec ses tentations ; nous le savons, nous sommes tous tentés, nous avons été tentés et nous sommes tentés. Satan vient « comme un lion rugissant » (1 P 5, 8), dit l'apôtre Pierre, et c'est à nous de ne pas être ingénus, mais de veiller et de rester fermes dans la foi. Résister avec les conseils de la mère Église, résister avec l'aide de la mère Église qui, comme une bonne mère, accompagne toujours ses enfants dans les moments difficiles.

Telle est l'Église, telle est l'Église que nous aimons tous, telle est l'Église que j'aime : une mère qui a à cœur le bien de ses enfants et qui est capable de donner la vie pour eux. Mais nous ne devons toutefois pas oublier que l'Église, ce ne sont pas seulement les prêtres, ou nous, les évêques, non, c'est nous tous ! L'Église, c'est nous tous ! D'accord ? Et nous aussi, nous sommes enfants, mais également mères d'autres chrétiens. Tous les baptisés, hommes et femmes, nous formons ensemble l'Église. Combien de fois dans notre vie, ne témoignons-nous pas de cette maternité de l'Église, de ce courage maternel de l'Église ! Combien de fois sommes-nous lâches ! Confions-nous alors à Marie, afin que, en tant que mère de notre frère aîné, Jésus, elle nous enseigne à avoir son même esprit maternel à l'égard de nos frères, avec la capacité sincère d'accueillir, de pardonner, de donner la force et d'insuffler confiance et espérance. C'est ce que fait une maman.

*

Je voudrais souligner un aspect particulier de cette question éducative de notre mère l'Église, c'est-à-dire la manière dont elle nous enseigne les œuvres de miséricorde.

Un bon éducateur vise à l'essentiel. Il ne se perd pas dans les détails, mais veut transmettre ce qui compte vraiment pour que le fils ou l'élève trouve le sens et la joie de vivre. C'est la vérité. Et l'essentiel, selon l'Évangile, c'est la *miséricorde*. Dieu a envoyé son Fils, Dieu s'est fait homme pour nous sauver, c'est-à-dire pour nous donner sa miséricorde. Jésus le dit clairement, résumant son enseignement pour les disciples : « Soyez miséricordieux comme votre Père est miséricordieux » (Lc 6, 36). Peut-il exister un chrétien qui ne soit pas miséricordieux ? Non. Le chrétien doit nécessairement être miséricordieux, car c'est cela le centre de l'Évangile. Et fidèle à cet enseignement, l'Église ne peut que répéter la même chose à ses enfants : « Soyez miséricordieux », comme l'est le Père, et comme l'a été Jésus. Miséricorde.

Et l'Église se comporte alors comme Jésus. Elle ne fait pas de leçons théoriques sur l'amour, sur la miséricorde. Elle ne diffuse pas dans le monde une philosophie, une voie de sagesse… Bien sûr, le christianisme est aussi tout cela, mais comme conséquence, en reflet. Notre mère l'Église, comme Jésus, enseigne à travers l'exemple, et les paroles servent à éclairer le sens de ses gestes.

Notre mère l'Église nous enseigne à donner à manger et à boire à qui a faim et soif, à vêtir celui qui est nu. Et comment le fait-elle ? Elle le fait à travers l'exemple de nombreux saints et saintes qui ont fait cela de façon exemplaire ; mais elle le fait également à travers l'exemple de très nombreux pères et mères, qui enseignent à leurs enfants que ce que nous avons en trop, doit aller à ceux qui manquent du nécessaire. Il est important de savoir cela. Dans les familles chrétiennes les plus simples, la loi de l'hospitalité a toujours été sacrée : une assiette et un lit ne manquent jamais pour ceux qui en ont besoin. Une fois, une mère me racontait – dans un autre diocèse – qu'elle voulait enseigner cela à ses enfants et elle leur disait d'aider et de donner à manger à ceux qui ont faim ; elle en avait trois. Et un jour, pendant le déjeuner – le papa était parti travailler, elle était avec ses trois enfants, petits, de plus ou moins 7, 5 et 4 ans – on frappe à la porte : il y avait là un homme qui demandait à manger. Et la maman lui a dit : « Attends un moment. » Et après être rentrée, elle a dit à ses enfants : « Il y a là un homme qui demande à manger, que faisons-nous ? » « Nous lui donnons, maman, nous lui donnons ! » Chacun avait dans son assiette un beefsteak avec des frites. « Très bien, a dit la maman, prenons la moitié de chacun de vous, et nous la lui donnerons. » « Ah non, maman, comme ça cela ne va pas ! » « C'est ainsi, tu dois donner ce qui est à toi. » De cette façon, la maman a enseigné à ses enfants à donner à manger ce qui *était à eux*. Cela est un bel exemple qui m'a beaucoup aidé. « Mais je n'ai rien en plus… » « Donne ce qui est à toi ! » C'est ce que nous enseigne notre mère l'Église. Et vous, les nombreuses mamans, vous savez ce que vous devez faire pour enseigner à vos enfants à partager ce qui est à eux avec ceux qui en ont besoin.

Notre mère l'Église enseigne à être proche de ceux qui sont malades. Combien de saints et de saintes ont servi Jésus de cette façon ! Et combien d'hommes et de femmes, chaque jour, mettent en pratique cette œuvre de miséricorde dans une chambre d'hôpital, ou d'une maison de repos, ou dans leur propre maison, en assistant une personne malade !

Notre mère l'Église enseigne à être proche de ceux qui sont en prison. « Mais père non, cela est dangereux, ce sont des personnes mauvaises. » Mais chacun de nous est capable… Écoutez bien cela : chacun de nous est capable de faire la même chose qu'a faite cet homme ou cette femme qui est en prison. Nous avons tous la capacité de pécher et de faire la même chose, de faire des erreurs dans la vie. Il n'est pas plus mauvais que toi ou moi ! La miséricorde franchit chaque mur, chaque barrière, et te conduit toujours à chercher le visage de l'homme, de la personne. Et c'est la miséricorde qui change le cœur et la vie, qui peut régénérer une personne et lui permettre de s'insérer de manière nouvelle dans la société.

Notre mère l'Église enseigne à être proche de celui qui est abandonné et meurt seul. C'est ce qu'a fait la bienheureuse Teresa dans les rues de Calcutta ; c'est ce qu'elle a fait et que font tant de chrétiens qui n'ont pas peur de serrer la main de celui qui va quitter ce monde. Et ici aussi, la miséricorde apporte la paix à celui qui part et à celui qui reste, en nous faisant sentir que Dieu est plus grand que la mort, et qu'en restant en Lui, même la dernière séparation est un « au revoir »… La bienheureuse Teresa avait bien compris cela ! On lui disait : « Mère, vous perdez votre temps ! » Elle trouvait des personnes mourantes dans la rue, des personnes dont les rats des rues commençaient à dévorer le corps, et elle les conduisait chez elle afin qu'ils meurent dans la propreté, tranquilles, entourés de caresses, en paix. Elle donnait l'« au revoir » à toutes ces personnes… Et tant d'hommes et de femmes comme elles ont fait cela. Et ils les attendent, là [il indique le ciel], à la porte, pour leur ouvrir la porte du Ciel. Aider les personnes à bien mourir, en paix.

C'est ainsi que l'Église est mère, en enseignant à ses enfants les œuvres de miséricorde. Elle a appris cette voie de Jésus, elle a appris que cela est l'essentiel pour le salut. Il ne suffit pas d'aimer qui nous aime. Jésus dit que ce sont les païens qui le font. Il ne suffit pas de faire du bien à qui nous fait du bien. Pour changer le monde en mieux, il faut faire du bien à qui n'est pas en mesure de nous donner quelque chose en retour, comme le Père l'a fait avec nous, en nous donnant Jésus. Combien avons-nous payé pour notre rédemption ? Rien, tout a été gratuit ! Faire le bien sans attendre quelque chose en retour. C'est ainsi qu'a fait le père avec nous et nous devons faire la même chose. Fais le bien et va de l'avant !

Qu'il est beau de vivre dans l'Église, dans notre mère l'Église qui nous enseigne ces choses que nous a enseignées Jésus. Rendons grâce au Seigneur, qui nous a donné la grâce d'avoir l'Église comme mère, elle qui nous enseigne la voie de la miséricorde, qui est la voie de la vie. Rendons grâce au Seigneur.

Nazareth

Benoît XVI montre comment Marie et Joseph sont des modèles de parents en alternant la prière et le travail, et comment Jésus est le modèle du fils. François souligne la volonté que Dieu a de faire naître et grandir son Fils dans une famille humaine, « dans un village reculé à la périphérie de l'Empire romain », dans une « périphérie presque invisible, voire plutôt infâme ».

BENOÎT XVI

La maison de Nazareth est une école de prière

La naissance du sauveur est un mystère de lumière que les hommes de chaque époque peuvent revivre dans la foi et dans la prière. C'est précisément à travers la prière que nous devenons capables de nous approcher de Dieu de manière intime et profonde. C'est pourquoi je voudrais vous inviter à réfléchir sur la manière dont la prière fait partie de la vie de la Sainte Famille de Nazareth. En effet, la maison de Nazareth est une école de prière, où l'on apprend à écouter, à méditer, à pénétrer la signification profonde de la manifestation du Fils de Dieu, en prenant exemple sur Marie, Joseph et Jésus.

Le discours du serviteur de Dieu Paul VI lors de sa visite à Nazareth reste mémorable. Le pape dit qu'à l'école de la Sainte Famille nous « comprenons pourquoi nous devons garder une discipline spirituelle, si nous voulons suivre la doctrine de l'Évangile et devenir des disciples du Christ ». Et il ajoute :

> En premier lieu, celle-ci nous enseigne le silence. Oh ! Si renaissait en nous l'estime du silence, atmosphère admirable et indispensable de l'esprit : alors que nous sommes étourdis par tant de vacarme, de bruit et de voix criardes dans la vie agitée et tumultueuse de notre temps. Oh ! Silence de Nazareth, enseigne-nous à être fermes dans les bonnes pensées, recherchant la vie intérieure, prêts à bien entendre les

inspirations secrètes de Dieu et les exhortations des maîtres véritables [*Discours à Nazareth*, 5 janvier 1964].

De la Sainte Famille et des récits évangéliques de l'enfance de Jésus, nous pouvons tirer plusieurs enseignements sur la prière et sur la relation avec Dieu. Nous pouvons partir de l'épisode de la présentation de Jésus au temple. Saint Luc rapporte que Marie et Joseph, « quand arriva le jour fixé par la loi de Moïse pour la purification, [...] le portèrent à Jérusalem pour le présenter au Seigneur » (Lc 2, 22). Comme chaque famille juive qui observe la loi, les parents de Jésus se rendent au temple pour consacrer à Dieu leur premier-né et pour offrir un sacrifice. Animés par la fidélité aux prescriptions, ils partent de Bethléem et se rendent à Jérusalem avec Jésus âgé d'à peine quarante jours. Au lieu d'un agneau d'un an, ils présentent l'offrande des familles simples, c'est-à-dire deux colombes. Le pèlerinage de la Sainte Famille est le pèlerinage de la foi, de l'offrande des dons, symbole de la prière, et de la rencontre avec le Seigneur, que Marie et Joseph voient déjà dans leur fils Jésus.

La contemplation du Christ a en Marie son modèle inégalable. Le visage du Fils lui appartient à un titre spécial, car c'est dans son sein qu'il s'est formé, en prenant d'elle une ressemblance humaine. Personne ne s'est consacré à la contemplation de Jésus avec autant d'assiduité que Marie. Le regard de son cœur se concentre déjà sur Lui au moment de l'Annonciation, quand elle le conçoit par l'œuvre de l'Esprit Saint ; dans les mois qui suivent, elle en sent peu à peu la présence, jusqu'au jour de sa naissance, quand ses yeux peuvent fixer avec une tendresse maternelle le visage de son fils, alors qu'elle l'enveloppe de langes et qu'elle le dépose dans la mangeoire. Les souvenirs de Jésus, fixés dans son esprit et dans son cœur, ont marqué chaque instant de l'existence de Marie. Elle vit avec les yeux rivés sur le Christ et elle tire profit de chacune de ses paroles. Saint Luc dit : « Marie, cependant, retenait tous ces événements et les méditait dans son cœur » (Lc 2, 19), décrivant ainsi l'attitude de Marie devant le Mystère de l'Incarnation, une attitude qui se prolongera pendant toute son existence : conserver les choses et les méditer dans son cœur. Luc est l'évangéliste qui nous fait connaître le cœur de Marie, sa foi (voir Lc 1, 45), son espérance et son obéissance (voir Lc 1, 38), en particulier son intériorité et sa prière (voir Lc 1, 46-56), sa libre adhésion au Christ (voir Lc 1, 55). Et tout cela procède du don de l'Esprit Saint qui descend sur elle (voir Lc 1, 35), comme il descendra sur les apôtres selon la promesse du Christ (voir Ac 1, 8). Cette image de Marie que nous donne saint Luc présente la Vierge comme le modèle de chaque croyant qui conserve et confronte les paroles et les actions de Jésus, une confrontation qui est toujours une progression dans la connaissance de Jésus. Dans le sillage du bienheureux pape Jean-Paul II (voir Lett. apos. *Rosarium Virginis Mariae*) nous pouvons dire que la prière du Rosaire tire son modèle précisément de Marie, car elle consiste à contempler les mystères du Christ en union spirituelle avec la Mère du Seigneur. La capacité de Marie de vivre du regard de Dieu est, pour ainsi dire, contagieuse. Le premier à en faire l'expérience a été saint Joseph. Son amour humble et sincère pour sa fiancée et sa décision d'unir leur vie l'ont attiré et l'introduit lui aussi, qui était déjà un « homme juste » (Mt 1, 19), dans une intimité particulière avec Dieu. En effet, avec Marie, et ensuite surtout avec Jésus, il inaugure une nouvelle façon de se mettre en relation avec Dieu, de l'accueillir dans sa propre vie, d'entrer dans son projet de salut, en accomplissant sa volonté. Après avoir suivi avec confiance l'indication de l'Ange – « ne crains pas de prendre chez toi Marie, ton épouse » (Mt 1, 20) – il a pris Marie avec lui et il a partagé sa vie avec elle ; il s'est vraiment entièrement donné à Marie et à Jésus, et cela l'a conduit vers la perfection de la réponse à la vocation reçue. L'Évangile, comme nous le savons, n'a conservé aucune parole de Joseph : sa présence est silencieuse, mais fidèle, constante et active. Nous pouvons imaginer que lui aussi, comme son épouse et en intime harmonie avec elle, a vécu les années de l'enfance et de l'adolescence de Jésus en goûtant, pour ainsi dire, sa présence dans leur famille. Joseph a pleinement accompli son rôle paternel, sous chacun de ses aspects. Il a certainement éduqué Jésus à la prière, avec Marie. Il l'aura en particulier emmené à la synagogue, lors des rites du samedi, ainsi qu'à Jérusalem, pour les grandes fêtes du peuple d'Israël. Joseph, selon la tradition juive, aura guidé la prière domestique, aussi bien quotidienne – le matin, le soir, lors des repas –, qu'à l'occasion des principales fêtes religieuses. Ainsi, au rythme des journées passées à Nazareth, entre l'humble maison et l'atelier de Joseph, Jésus a appris à alterner prière et travail, et à offrir à Dieu également la fatigue du labeur pour gagner le pain nécessaire à la famille.

Voilà enfin un autre épisode qui rassemble la Sainte Famille de Nazareth autour de la prière. Jésus, nous l'avons entendu, a douze ans et se rend au temple de Jérusalem avec ses parents. Cet épisode se situe dans le contexte du pèlerinage, comme le souligne saint Luc : « Chaque année, les parents de Jésus allaient à Jérusalem pour la fête de la Pâque. Quand il eut douze ans, ils firent le pèlerinage suivant la coutume » (Lc 2, 41-42). Le pèlerinage est une expression religieuse qui se nourrit de prière et, dans le même temps, la nourrit. Il s'agit ici du pèlerinage pascal, et l'évangéliste nous fait observer que la famille de Jésus l'accomplit chaque année, pour participer aux rites dans la ville sainte. La famille juive, comme la famille chrétienne, prie dans l'intimité domestique, mais elle prie également avec la communauté, se reconnaissant appartenir au Peuple de Dieu en marche. Le pèlerinage exprime précisément cette condition de marche du Peuple de Dieu. Pâques est le centre et le sommet de tout cela, et concerne autant la dimension familiale que la dimension du culte liturgique et public.

Dans l'épisode de Jésus âgé de douze ans, apparaissent également ses premières paroles : « Comment se fait-il que vous m'ayez cherché ? Ne le saviez-vous pas ? C'est chez mon Père que je dois être » (Lc 2, 49). Après trois jours de recherche, ses parents le retrouvent dans le temple assis parmi les maîtres alors qu'il les écoute et les interroge (voir Lc 2, 46). Lorsqu'on lui demande pourquoi il a fait cela à son père et à sa mère, il répond qu'il a fait uniquement ce que doit faire le Fils, c'est-à-dire se trouver près du Père. Il montre ainsi qui est le vrai Père, où est sa vraie maison, qu'il n'a rien fait d'étrange, qu'il n'a pas désobéi. Il est resté là où doit se trouver le Fils, c'est-à-dire près du Père, et il a souligné qui est son Père. Le mot « Père » domine ainsi le ton de cette réponse et fait émerger tout le mystère christologique. Ce mot ouvre donc le mystère, il est la clé du mystère du Christ, qui est le Fils, et est aussi la clé de notre mystère de chrétiens, qui sommes fils dans le Fils. Dans le même temps, Jésus nous enseigne comment être fils, précisément dans le fait d'être avec le Père dans la prière. Le mystère christologique et le mystère de l'existence chrétienne sont intimement liés et fondés sur la prière. Jésus enseignera un jour à ses disciples à prier, en leur disant : lorsque vous priez, dites « Père ». Et, naturellement, ne le dites pas seulement avec les mots, mais avec votre existence, apprenez toujours plus à le dire avec votre existence : « Père » ; et ainsi, vous serez de vrais fils dans le Fils, de vrais chrétiens.

Ici, lorsque Jésus est pleinement inséré dans la vie de la Famille de Nazareth, il est important de noter l'écho qu'a pu avoir dans les cœurs de Marie et Joseph le fait d'entendre de la bouche de Jésus ce mot « Père », l'entendre révéler qui est le Père, et entendre de sa bouche ce mot dans la conscience d'être le Fils unique, la raison pour laquelle il a voulu rester trois jours dans le temple, qui est la « maison du Père ». Dès lors, nous pouvons imaginer que la vie dans la Sainte Famille fut encore plus comblée de prière, car du cœur de Jésus enfant, puis adolescent et jeune, ne cessera plus de se répandre et de se refléter dans les cœurs de Marie et de Joseph, ce sens profond de la relation avec Dieu le Père. Cet épisode nous montre la véritable situation, l'atmosphère du fait d'être avec le Père. Ainsi, la Famille de Nazareth est le premier modèle de l'Église où, autour de la présence de Jésus et grâce à sa médiation, l'on vit toute la relation filiale avec Dieu le Père, qui transforme aussi les relations interpersonnelles, humaines.

C'est en raison de ces divers aspects, que j'ai brièvement évoqués à la lumière de l'Évangile, que la Sainte famille se révèle l'icône de l'Église domestique, appelée à prier ensemble. La famille est l'Église domestique et doit être la première école de prière. Dans la famille, les enfants, dès leur plus jeune âge, peuvent apprendre à percevoir le sens de Dieu, grâce à l'enseignement et à l'exemple des parents : vivre dans une atmosphère marquée par la présence de Dieu. Une éducation authentiquement chrétienne ne peut se passer de l'expérience de la prière. Si l'on n'apprend pas à prier en famille, il sera ensuite difficile de réussir à combler ce vide. C'est pour cette raison que je voudrais vous adresser une invitation à redécouvrir la beauté de prier ensemble, en famille, à l'école de la Sainte Famille de Nazareth. Et devenir ainsi, réellement, un seul cœur et une seule âme, une vraie famille.

PAPE FRANÇOIS
Une famille de banlieue

La famille est ce grand don que le Seigneur a fait au monde dès le début, quand il conféra à Adam et Ève la mission de se multiplier et de remplir la terre (voir Gn 1, 28). Un don que Jésus a confirmé et scellé dans son Évangile.

L'incarnation du Fils de Dieu ouvre un nouveau commencement dans l'histoire universelle de l'homme et de la femme. Et ce nouveau début arrive au sein d'une famille, à Nazareth. Jésus naît dans une famille. Il pouvait arriver de manière spectaculaire, ou comme un soldat, un empereur… Non, non : il vient comme un fils de famille, d'une simple famille. Il est important de regarder dans la crèche cette scène si belle.

Dieu a choisi de naître dans une famille humaine, qu'il a formée lui-même. Il l'a formée dans un village perdu de la périphérie de l'Empire romain. Pas à Rome, qui était la capitale de l'Empire, pas dans une grande ville, mais dans une périphérie presque invisible, et même plutôt malfamée. Les évangiles le rappellent, comme pour dire : « De Nazareth, peut-il sortir quelque chose de bon ? » (Jn 1, 46). Peut-être, dans beaucoup d'endroits du monde, nous-mêmes parlons-nous encore ainsi, quand nous entendons le nom d'un lieu à la périphérie d'une grande ville. Eh bien, c'est précisément de là, de cette périphérie de ce grand Empire, qu'a débuté l'histoire la plus sainte et la plus belle, celle de Jésus parmi les hommes ! Et c'est là que se trouvait cette famille.

Jésus est resté dans cette périphérie pendant trente ans. L'évangéliste Luc résume ainsi cette période : « Jésus leur était soumis [à Marie et Joseph] ». Mais quelqu'un pourrait dire : « Mais ce Dieu qui vient nous sauver, il a perdu trente ans là, dans cette banlieue malfamée ? » Il a perdu trente ans ! Il a voulu cela. Le chemin de Jésus était au sein de cette famille-là. « Et sa mère gardait toutes ces choses en son cœur. Quant à Jésus, il croissait en sagesse, en taille et en grâce devant Dieu et devant les hommes » (Lc 2, 51-52). On ne parle pas de miracles ou de guérisons, de prédications – il n'en a fait aucune à cette époque-là –, de foules qui accourent ; à Nazareth tout semble arriver « normalement », selon les habitudes d'une pieuse et travailleuse famille israélite : on travaillait, la maman faisait la cuisine, accomplissait toutes les choses de maison, repassait les chemises… toutes les choses que fait une maman. Le papa, menuisier, travaillait et apprenait à son fils à travailler. Trente ans. « Mais quel gâchis, mon Père ! » Les voies de Dieu sont mystérieuses. Mais ce qui était important ici c'était la famille ! Et cela n'était pas un gâchis ! Ils étaient de grands saints : Marie, la femme la plus sainte, immaculée, et Joseph, l'homme le plus juste… La famille.

Nous serions assurément attendris par le récit de la manière dont Jésus adolescent affrontait les rendez-vous de la communauté religieuse et les devoirs de la vie sociale ; de connaître comment, jeune ouvrier, il travaillait avec Joseph ; et puis sa manière de participer à l'écoute des Écritures, à la prière des Psaumes et dans tant d'autres habitudes de la vie quotidienne. Les évangiles, dans leur sobriété, ne rapportent rien de l'adolescence de Jésus et laissent cette tâche à notre affectueuse méditation. L'art, la littérature, la musique ont parcouru ce chemin de l'imagination. Certes, il n'est pas difficile d'imaginer combien les mamans pourraient apprendre des prévenances de Marie pour ce Fils ! Et combien les papas pourraient s'enrichir de l'exemple de Joseph, homme juste, qui consacra sa vie à soutenir et à défendre son enfant et sa femme – sa famille – dans les moments difficiles ! Sans parler de combien les jeunes pourraient être encouragés par Jésus adolescent à comprendre la nécessité et la beauté de cultiver leur vocation la plus profonde, et de rêver en grand ! Jésus a cultivé pendant ces trente années sa vocation pour laquelle le Père l'a envoyé. Et jamais, à cette époque, Jésus ne s'est découragé, mais il a grandi en courage pour aller de l'avant dans sa mission.

Toute famille chrétienne – comme le firent Marie et Joseph – peut avant tout accueillir Jésus, l'écouter, parler avec Lui, l'abriter, le protéger, croître avec Lui ; et ainsi, rendre le monde meilleur. Faisons une place dans notre cœur et dans nos journées pour le Seigneur. Ainsi firent aussi Marie et Joseph, et ce ne fut pas facile : que de difficultés ils durent surmonter ! Ce n'était pas une fausse famille, ce n'était pas une famille irréelle. La famille de Nazareth nous engage à redécouvrir la vocation et la mission de la famille, de chaque famille. Et, comme cela eut lieu pendant ces trente ans à Nazareth, ainsi peut-il aussi en être pour nous : l'amour et non la haine, l'aide réciproque et non l'indifférence ou l'inimitié doivent devenir la norme. Ce n'est donc pas un hasard, alors, si « Nazareth » signifie « Celle qui garde », comme Marie qui – dit l'Évangile – « gardait toutes ces choses en son cœur » (Lc 2, 19.51). Depuis lors, chaque fois qu'une famille garde ce mystère, fût-ce même à la périphérie du monde, le mystère du Fils de Dieu – le mystère de Jésus qui vient nous sauver –, est à l'œuvre. Et il vient pour sauver le monde. Et telle est la grande mission de la famille : faire place à Jésus qui vient, accueillir Jésus dans la famille, dans la personne des enfants, du mari, de la femme, des grands-parents… Jésus est là. L'accueillir là, pour qu'il croisse spirituellement dans cette famille. Que le Seigneur nous donne cette grâce au cours de ces derniers jours avant Noël.

Le mariage

Les vingt-huit années de mariage de sainte Brigitte de Suède et de son mari, Ulf, représentent pour Benoît XVI un exemple de « spiritualité conjugale » et d'« église domestique », ouverte aux œuvres de charité vers le monde extérieur. Concernant le sacrement du mariage, le pape François affirme que le couple est une image de Dieu. Et même si dans la vie de couple il est naturel que vous vous disputiez, l'amour compte davantage. Pour cette raison, il donne ce conseil aux époux : « Ne finissez pas la journée où vous vous êtes disputé sans faire la paix. »

BENOÎT XVI

La spiritualité conjugale

En la veille fervente du grand Jubilé de l'An 2000, le vénérable serviteur de Dieu Jean-Paul II proclama sainte Brigitte de Suède copatronne de toute l'Europe. Je voudrais présenter sa figure, son message, et les raisons pour lesquelles cette sainte femme a beaucoup à enseigner – aujourd'hui encore – à l'Église et au monde.

Nous connaissons bien les événements de la vie de sainte Brigitte, car ses pères spirituels rédigèrent sa biographie pour promouvoir son procès de canonisation immédiatement après sa mort, en 1373. Brigitte était née 70 ans auparavant, en 1303, à Finster, en Suède, une nation du nord de l'Europe qui, depuis trois siècles, avait accueilli la foi chrétienne avec le même enthousiasme que celui avec lequel sainte Brigitte l'avait reçue de ses parents, des personnes très pieuses, appartenant à des familles nobles, proches de la maison régnante.

Nous pouvons distinguer deux périodes dans la vie de cette sainte.

La première est caractérisée par son mariage heureux. Son mari s'appelait Ulf et était gouverneur d'un important territoire du royaume de Suède. Le mariage dura vingt-huit ans, jusqu'à la mort d'Ulf. Huit enfants furent issus de ce mariage, dont la deuxième, Karin (Catherine) est vénérée comme sainte. Cela est un signe éloquent de l'engagement éducatif de Brigitte à l'égard de ses enfants.

D'ailleurs, sa sagesse pédagogique fut appréciée au point que le roi de Suède, Magnus, l'appela à la cour pour une certaine période, dans le but d'introduire sa jeune épouse, Blanche de Namur, à la culture suédoise.

Brigitte, qui reçut une direction spirituelle d'un religieux érudit qui l'introduisit à l'étude des Écritures, exerça une influence très positive sur sa famille qui, grâce à sa présence, devint une véritable « Église domestique ». Avec son mari, elle adopta la Règle des Tertiaires franciscains. Elle pratiquait avec générosité des œuvres de charité envers les pauvres : elle fonda également un hôpital. Auprès de son épouse, Ulf apprit à améliorer son caractère et à progresser dans la vie chrétienne. Au retour d'un long pèlerinage à Saint-Jacques de Compostelle, accompli en 1341 avec d'autres membres de sa famille, les époux formèrent le projet de vivre dans l'abstinence ; mais peu de temps après, dans la paix d'un monastère dans lequel il s'était retiré, Ulf conclut sa vie terrestre.

Cette première période de la vie de Brigitte nous aide à apprécier ce que nous pourrions définir aujourd'hui comme une authentique « spiritualité conjugale » : ensemble, les époux chrétiens peuvent parcourir un chemin de sainteté, soutenus par la grâce du sacrement du mariage. Souvent, comme ce fut le cas dans la vie de sainte Brigitte et d'Ulf, c'est la femme qui, avec sa sensibilité religieuse, sa délicatesse et sa douceur, réussit à faire parcourir à son mari un chemin de foi. Je pense avec reconnaissance à de nombreuses femmes qui, jour après jour, illuminent aujourd'hui encore leur famille par leur témoignage de vie chrétienne. Puisse l'Esprit du Seigneur susciter également la sainteté des époux chrétiens, pour montrer au monde la beauté du mariage vécu selon les valeurs de l'Évangile : l'amour, la tendresse, l'aide réciproque, la fécondité dans l'engendrement et l'éducation des enfants, l'ouverture et la solidarité envers le monde, la participation à la vie de l'Église.

Devenue veuve, Brigitte commença la deuxième période de sa vie. Elle renonça à contracter un autre mariage pour approfondir l'union avec le Seigneur à travers la prière, la pénitence et les œuvres de charité. Les veuves chrétiennes peuvent donc trouver elles aussi chez cette sainte un modèle à suivre. En effet, à la mort de son mari, Brigitte, après avoir distribué ses biens aux pauvres, tout en ne choisissant jamais la consécration religieuse, s'installa au monastère cistercien d'Alvastra. C'est là que commencèrent les révélations divines, qui l'accompagnèrent pendant tout le reste de sa vie. Celles-ci furent dictées par Brigitte à ses secrétaires-confesseurs, qui les traduisirent du suédois en latin et les rassemblèrent dans une édition de huit livres, intitulés *Revelationes (Révélations).* À ces livres s'ajoute un supplément, qui a précisément pour titre *Revelationes extravagantes (Révélations supplémentaires).*

Les Révélations de sainte Brigitte présentent un contenu et un style très variés. Parfois, la révélation se présente sous forme de dialogue entre les Personnes divines, la Vierge, les saints et également les démons ; des dialogues dans lesquels Brigitte intervient elle aussi. D'autres fois, en revanche, il s'agit du récit d'une vision particulière ; et d'autres encore racontent ce que la Vierge Marie lui révèle à propos de la vie et des mystères de son Fils. La valeur des Révélations de sainte Brigitte, qui fut parfois objet de certains doutes, fut précisée par le vénérable Jean-Paul II dans la Lettre *Spes Aedificandi* :

> En reconnaissant la sainteté de Brigitte, l'Église, sans pour autant se prononcer sur les diverses révélations, a accueilli l'authenticité globale de son expérience intérieure [n. 5].

De fait, en lisant ces *Révélations*, nous sommes interpellés sur des thèmes importants. Par exemple, on retrouve fréquemment la description, avec des détails très réalistes, de la Passion du Christ, pour laquelle Brigitte eut toujours une dévotion privilégiée, contemplant dans celle-ci l'amour infini de Dieu pour les hommes. Sur les lèvres du Seigneur qui lui parle, elle place avec audace ces paroles émouvantes :

> O mes amis, j'aime si tendrement mes brebis, que, s'il était possible, j'aimerais mieux mourir autant de fois pour chacune d'elles de la mort que je souffris pour la rédemption de toutes, que d'en être privé [*Revelationes*, Livre I, c. 59].

La maternité douloureuse de Marie, qui en fit la Médiatrice et la Mère de miséricorde, est aussi un thème qui revient souvent dans les Révélations.

En recevant ces charismes, Brigitte était consciente d'être la destinataire d'un don de grande prédilection de la part du Seigneur :

> Or, vous, ma fille – lisons-nous dans le premier livre des *Révélations* –, que j'ai choisie pour moi [...] aimez-moi de tout votre cœur [...] mais plus que tout ce qui est au monde [c. 1].

Du reste, Brigitte savait bien, et elle en était fermement convaincue, que chaque charisme est destiné à édifier l'Église. C'est précisément pour ce motif qu'un grand nombre de ses révélations étaient adressées, sous formes d'avertissements parfois sévères, aux croyants de son temps, y compris les autorités politiques et religieuses, pour qu'elles vivent de façon cohérente leur vie chrétienne ; mais elle faisait toujours cela avec une attitude de respect et en pleine fidélité au Magistère de l'Église, en particulier au Successeur de l'apôtre Pierre.

En 1349, Brigitte quitta définitivement la Suède et se rendit en pèlerinage à Rome. Elle entendait non seulement prendre part au Jubilé de 1350, mais elle désirait aussi obtenir du pape l'approbation de la Règle d'un Ordre religieux qu'elle entendait fonder, consacré au Saint Sauveur, et composé de moines et moniales sous l'autorité de l'abbesse. Cela ne doit pas nous surprendre : il existait au Moyen Âge des fondations monastiques avec une branche masculine et une branche féminine, mais pratiquant la même règle monastique, qui prévoyait la direction d'une abbesse. De fait, dans la grande tradition chrétienne, une dignité propre est reconnue à la femme, et – toujours à l'exemple de Marie, Reine des Apôtres – une place propre dans l'Église qui, sans coïncider avec le sacerdoce ordonné, est tout aussi importante pour la croissance spirituelle de la Communauté. En outre, la collaboration d'hommes et de femmes consacrés, toujours dans le respect de leur vocation spécifique, revêt une grande importance dans le monde d'aujourd'hui.

À Rome, en compagnie de sa fille Karin, Brigitte se consacra à une vie d'intense apostolat et de prière. Et de Rome, elle partit en pèlerinage dans divers sanctuaires italiens, en particulier à Assise, patrie de saint François, pour lequel Brigitte nourrissait depuis toujours une grande dévotion. Enfin, en 1371, elle couronna son plus grand désir : le voyage en Terre Sainte, où elle se rendit en compagnie de ses fils spirituels, un groupe que Brigitte appelait « les amis de Dieu ».

À cette époque-là, les papes se trouvaient à Avignon, loin de Rome : Brigitte se tourna vers eux avec une grande tristesse, afin qu'ils reviennent au siège de Pierre, dans la Ville éternelle.

Elle mourut en 1373, avant que le pape Grégoire XI ne rentre définitivement à Rome. Elle fut enterrée provisoirement dans l'église romaine San Lorenzo in Panisperna, mais, en 1374, ses enfants Birger et Karin la ramenèrent dans leur patrie, au monastère de Vadstena, siège de l'Ordre religieux fondé par sainte Brigitte, qui connut immédiatement une remarquable expansion. En 1391, le pape Boniface IX la canonisa solennellement.

La sainteté de Brigitte, caractérisée par la multiplicité des dons et des expériences que j'ai voulu rappeler dans ce bref portrait biographique et spirituel, fait d'elle une éminente figure dans l'histoire de l'Europe. Originaire de Scandinavie, sainte Brigitte témoigne de la manière dont le christianisme a profondément imprégné la vie de tous les peuples de ce continent. En la déclarant copatronne de l'Europe, le pape Jean-Paul II a souhaité que sainte Brigitte – qui vécut au XIVe siècle, lorsque la chrétienté occidentale n'était pas encore frappée par la division – puisse intercéder efficacement auprès de Dieu, pour obtenir la grâce tant attendue de la pleine unité de tous les chrétiens.

Nous voulons prier à cette même intention, qui nous tient beaucoup à cœur, et pour que l'Europe sache toujours se nourrir à ses propres racines chrétiennes, tout en invoquant la puissante intercession de sainte Brigitte de Suède, fidèle disciple de Dieu et copatronne de l'Europe.

PAPE FRANÇOIS

L'amour est plus fort que les moments où l'on se dispute

Le sacrement du mariage nous conduit au cœur du dessein de Dieu, qui est un dessein d'alliance avec son peuple, avec nous tous, un dessein de communion. Au début du livre de la Genèse, le premier livre de la Bible, pour couronner le récit de la création il est dit :

> Dieu créa l'homme à son image, à l'image de Dieu il le créa, il les créa homme et femme [...]. À cause de cela, l'homme quittera son père et sa mère, il s'attachera à sa femme, et tous deux ne feront plus qu'un [Gn 1, 27 ; 2, 24].

L'image de Dieu est le couple conjugal : l'homme et la femme ; pas seulement l'homme, pas seulement la femme, mais tous les deux. C'est cela l'image de Dieu : l'amour, l'alliance de Dieu avec nous, est représentée dans cette alliance entre l'homme et la femme. Et cela est très beau ! Nous sommes créés pour aimer, comme reflet de Dieu et de son amour. Et dans l'union conjugale l'homme et la femme réalisent cette vocation sous le signe de la réciprocité et de la communion de vie pleine et définitive.

Lorsqu'un homme et une femme célèbrent le sacrement du mariage, Dieu, pour ainsi dire, se « reflète » en eux, il imprime en eux ses traits et le caractère indélébile de son amour. Le mariage est l'icône de l'amour de Dieu pour nous. En effet, Dieu lui aussi est communion : les trois personnes du Père, du Fils et du Saint-Esprit vivent depuis toujours et pour toujours en unité parfaite. Et c'est précisément cela le mystère du mariage : Dieu fait des deux époux une seule existence. La Bible utilise une expression forte et dit « une seule chair », tant est intime l'union entre l'homme et la femme dans le mariage. Et c'est précisément cela le mystère du mariage : l'amour de Dieu qui se reflète dans le couple qui décide de vivre ensemble. Pour cela l'homme quitte sa maison, la maison de ses parents, il va vivre avec sa femme et il s'unit si fortement à elle que tous deux – dit la Bible – ne font plus qu'un.

Saint Paul, dans la Lettre aux Éphésiens, met en évidence que chez les époux chrétiens se reflète un grand mystère : le rapport instauré par le Christ avec l'Église, un rapport nuptial (voir Ep 5, 21-33). L'Église est l'épouse du Christ. Voilà quel est leur rapport. Cela signifie que le mariage répond à une vocation spécifique et doit être considéré comme une consécration (voir *Gaudium et spes*, n. 48 ; *Familiaris consortio*, n. 56). C'est une consécration : l'homme et la femme sont consacrés dans leur amour. Les époux, en effet, en vertu du sacrement, sont investis d'une véritable mission, pour qu'ils puissent rendre visible, à partir des choses simples, ordinaires, l'amour avec lequel le Christ aime son Église, en continuant à donner sa vie pour elle, dans la fidélité et dans le service.

Il s'agit vraiment d'un dessein merveilleux qui est inhérent au sacrement du mariage ! Et il se réalise dans la simplicité, ainsi que dans la fragilité de la condition humaine. Nous savons parfaitement combien de difficultés et d'épreuves connaît la vie de deux époux… L'important est de conserver vivant le lien avec Dieu, qui est à la base du lien conjugal. Et le vrai lien est toujours avec le Seigneur. Quand la famille prie, le lien se conserve. Quand le mari prie pour sa femme et la femme prie pour son mari, ce lien devient fort ; l'un prie pour l'autre. Il est vrai que, dans la vie conjugale, il y a beaucoup de difficultés, beaucoup ; que le travail, que l'argent ne suffisent pas, que les enfants ont des problèmes. Beaucoup de difficultés. Et, très souvent, le mari et la femme deviennent un peu nerveux et ils se disputent. C'est ainsi, on se dispute toujours dans un mariage, parfois même les assiettes volent. Mais nous ne devons pas devenir tristes pour autant, la condition humaine est ainsi. Et le secret est que l'amour est plus fort que le moment où l'on se dispute et c'est pourquoi je conseille toujours aux époux de ne pas terminer la journée où ils se sont disputés sans faire la paix. Toujours ! Et pour faire la paix, il n'est pas nécessaire d'appeler à la maison les Nations unies. Il suffit d'un petit geste, d'une caresse, et salut ! Et à demain ! Et le lendemain on recommence. Et c'est cela la vie, la mener de l'avant ainsi, la mener de l'avant avec le courage de vouloir la vivre ensemble. Et cela est grand, est beau ! C'est une très belle chose la vie conjugale et nous devons la protéger toujours, protéger les enfants. J'ai déjà dit sur cette place quelque chose qui aide beaucoup la vie conjugale. Ce sont trois mots qu'il faut toujours dire, trois mots qui doivent être dans la maison : s'il-te-plaît, merci, excuse-moi. Les trois mots magiques. *S'il-te-plaît :* pour ne pas être envahissant dans la vie des époux. S'il-te-plaît, qu'en penses-tu ? S'il-te-plaît, je me permets de faire cela. *Merci :* remercier son conjoint ; merci pour ce que tu as fait pour moi, merci de cela. Combien il est beau de remercier ! Et comme nous faisons tous des erreurs, cet autre mot qui est un peu difficile à dire, mais qu'il faut dire : *excuse-moi*. S'il-te-plaît, merci et excuse-moi. Avec ces trois mots, avec la prière du mari pour sa femme et inversement, avec l'habitude de faire la paix avant la fin de la journée, le mariage ira de l'avant. Les trois mots magiques, la prière et toujours faire la paix.

VÉRITÉ ET JUSTICE
MISÉRICORDE ET AMOUR

Charité, vérité, pouvoir

Benoît XVI voit le fondement de la doctrine sociale de l'Église dans l'expression de saint Paul : « agir selon la charité dans la vérité », et voit l'attention à la vie humaine comme le centre de tout véritable progrès, tout en rejetant une vision prométhéenne de l'être humain, qui le considère comme « l'architecte absolu de sa propre destinée ». Le pape François raconte l'épisode biblique de la vigne de Nabot, convoitée jusqu'au crime par le roi Achab et la reine Jézabel : « et ce n'est pas une histoire d'un autre temps, c'est aussi l'histoire d'aujourd'hui », c'est l'histoire « de ces pauvres qui travaillent illégalement et avec un salaire minimum pour enrichir les puissants. C'est l'histoire de politiciens corrompus qui en veulent de plus en plus ! »

BENOÎT XVI

Caritas in veritate

Ma nouvelle encyclique *Caritas in veritate* s'inspire, dans sa vision fondamentale, d'un passage de la lettre de saint Paul aux Éphésiens, où l'apôtre parle de l'agir *selon la vérité dans l'amour* :

> Au contraire, en vivant dans la vérité de l'amour, nous grandirons dans le Christ pour nous élever en tout jusqu'à lui, car il est la Tête [Ep 4, 15].

L'amour dans la vérité est donc la principale force dynamique pour le développement véritable de chaque personne et de l'humanité tout entière. C'est pourquoi, toute la doctrine sociale de l'Église tourne autour du principe *caritas in veritate*. Ce n'est qu'avec l'amour, illuminé par la raison et par la foi, qu'il est possible d'atteindre des objectifs de développement dotés de valeur humaine et humanisante. L'amour dans la vérité « est un principe sur lequel se fonde la doctrine sociale de l'Église, un principe qui prend une forme opératoire par des critères d'orientation de l'action morale » (n. 6). L'encyclique rappelle dès l'introduction deux critères fondamentaux : la justice et le bien commun. La justice est une partie intégrante de cet amour « par des actes et en vérité » (1 Jn 3, 18), auquel l'apôtre Jean exhorte (voir n. 6). Et « aimer quelqu'un c'est vouloir son bien et mettre tout en œuvre pour cela. À côté du bien individuel, il y a un bien lié à la vie en société [...]. On aime d'autant plus efficacement le prochain que l'on travaille davantage » en faveur du bien commun. Il existe donc deux critères d'action, la justice et le bien commun ; grâce à ce dernier, la charité acquiert une dimension sociale. Tout chrétien – dit l'encyclique– est appelé à vivre cette charité, et elle ajoute : « C'est là la voie institutionnelle [...] de la charité » (voir n. 7).

Comme d'autres documents du Magistère, cette encyclique poursuit et approfondit aussi l'analyse et la réflexion de l'Église sur des thématiques sociales d'intérêt vital pour l'humanité de notre siècle. Elle se rattache de manière particulière à ce qu'écrivit Paul VI, il y a plus de quarante ans, dans *Populorum progressio*, pierre milliaire de l'enseignement social de l'Église, dans laquelle le grand pape trace quelques orientations décisives, et toujours actuelles, pour le développement intégral de l'homme et du monde moderne. La situation mondiale, comme le révèle amplement l'actualité des derniers mois, continue à présenter des problèmes importants et le « scandale » d'inégalités éclatantes, qui demeurent malgré les engagements pris dans le passé. D'une part, on enregistre des signes de graves déséquilibres sociaux et économiques ; de l'autre, on invoque de plusieurs côtés des réformes qui ne peuvent plus être renvoyées à plus tard pour combler l'écart dans le développement des peuples. Le phénomène de la mondialisation peut, dans ce but, constituer une réelle opportunité, mais pour cela il est important de mettre la main à un profond renouveau moral et culturel et à un discernement responsable sur les choix à faire pour le bien commun. Un avenir meilleur pour tous est possible, si on le fonde sur la redécouverte des valeurs éthiques fondamentales. Un nouveau programme économique qui redessine le développement de manière mondiale, en se basant sur le fondement éthique de la responsabilité devant Dieu et l'être humain comme créature de Dieu, est donc nécessaire.

L'encyclique ne cherche certes pas à offrir des solutions techniques aux vastes problématiques sociales du monde actuel – cela n'est pas du ressort du Magistère de l'Église (voir n. 9). Elle rappelle cependant les grands principes qui se révèlent indispensables pour construire le développement humain des prochaines années. Parmi ceux-ci, en premier lieu, se trouve l'attention à la vie de l'homme, considérée comme le centre de tout véritable progrès ; le respect du droit à la liberté religieuse, toujours étroitement lié au développement de l'homme ; le rejet d'une vision prométhéenne de l'être humain, qui le considère comme l'artisan absolu de son propre destin. Une confiance illimitée dans les potentialités de la technologie se révélerait à la fin illusoire. Nous avons besoin d'hommes droits, sincèrement attentifs au bien commun, aussi bien dans la politique que dans l'économie. En particulier, si l'on considère les urgences mondiales, il est urgent de rappeler à l'attention de l'opinion publique le drame de la faim et de la sécurité alimentaire, qui touche une partie considérable de l'humanité. Un drame de telles proportions interpelle notre conscience : il faut l'affronter avec décision, en éliminant les causes structurelles qui le provoquent et en promouvant le développement agricole des pays les plus pauvres. Je suis certain que cette voie solidaire du développement des pays les plus pauvres aidera certainement à élaborer un projet de résolution de la crise mondiale en cours. Le rôle et le pouvoir politique des États doivent sans aucun doute être attentivement réévalués, à une époque où existent de fait des limitations à leur souveraineté à cause du nouveau contexte économique, commercial et financier international. Et d'autre part, la participation responsable des citoyens à la politique nationale et internationale ne doit pas manquer, également grâce à un engagement renouvelé des associations de travailleurs, appelés à instaurer de nouvelles synergies au niveau local et international. Dans ce domaine, un rôle de premier plan est également joué par les moyens de communication sociale pour le renforcement du dialogue entre les cultures et les différentes traditions.

Si l'on veut donc programmer un développement libéré des dysfonctionnements et des déséquilibres largement présents aujourd'hui, une sérieuse réflexion s'impose de la part de tous sur le sens même de l'économie ainsi que sur ses finalités. C'est ce qu'exige l'état de santé écologique de la planète ; c'est ce que demande la crise culturelle et morale de l'homme, qui ressort avec évidence dans toutes les parties de la planète. L'économie a besoin de l'éthique pour fonctionner correctement ; elle a besoin de retrouver la contribution importante du principe de gratuité et de la « logique du don » dans l'économie de marché, où la règle ne peut être le seul profit. Mais cela n'est possible que grâce à l'engagement de tous, économistes et responsables politiques, producteurs et consommateurs, et présuppose une formation des consciences qui donne force aux critères moraux dans l'élaboration des projets politiques et économiques. Nombreux sont ceux qui, à juste titre, rappellent que les droits présupposent des devoirs correspondants, sans lesquels les droits risquent de devenir arbitraires. On répète de plus en plus que l'humanité tout entière doit adopter un mode de vie différent, dans lequel les devoirs de chacun envers l'environnement sont liés à ceux envers la personne considérée en soi et en relation avec les autres. L'humanité est une seule famille et le dialogue fécond entre foi et raison ne peut que l'enrichir, en rendant plus efficace l'œuvre de la charité dans le domaine social, et constituant le cadre approprié pour encourager la collaboration entre croyants et non-croyants, dans la perspective commune d'œuvrer pour la justice et la paix dans le monde. Comme critère d'orientation en vue de cette interaction fraternelle, j'indique dans l'encyclique les principes de subsidiarité et de solidarité, étroitement liés entre eux. Enfin, j'ai signalé, face aux problématiques si vastes et profondes du monde d'aujourd'hui, la nécessité d'une autorité politique mondiale régie par le droit, qui respecte les principes mentionnés de subsidiarité et de solidarité et qui soit fermement orientée vers la réalisation du bien commun, dans le respect des grandes traditions morales et religieuses de l'humanité.

L'Évangile nous rappelle que l'homme ne vit pas seulement de pain : les biens matériels seuls ne suffisent pas à satisfaire la soif profonde de son cœur. L'horizon de l'homme est indubitablement plus élevé et plus vaste ; c'est pourquoi chaque programme de développement doit avoir présente, à côté de la croissance matérielle, la croissance spirituelle de la personne humaine, qui est précisément dotée d'une âme et d'un corps. Tel est le développement intégral, auquel fait constamment référence la doctrine sociale de l'Église, un développement qui trouve son critère d'orientation dans la force de propulsion de l'« amour dans la vérité ».

PAPE FRANÇOIS

Richesse et puissance comme outils de corruption et de mort

Dans différents passages, on parle des puissants, des rois, des hommes qui se trouvent « en haut », et aussi de leur arrogance et de leurs abus. La richesse et le pouvoir sont des réalités qui peuvent être bonnes et utiles au bien commun, si elles sont mises au service des pauvres et de tous, avec justice et charité. Mais quand, comme cela se produit souvent, elles sont vécues comme un privilège, avec égoïsme et arrogance, elles se transforment en instruments de corruption et de mort. C'est ce qui se produit dans l'épisode de la vigne de Nabot, décrit dans le Premier Livre des Rois, au chapitre 21.

Dans ce texte, on raconte que le roi d'Israël, Achab, veut acheter la vigne d'un homme du nom de Nabot, car cette vigne était voisine du palais royal. La proposition semble légitime, voire généreuse, mais en Israël les propriétés foncières étaient considérées comme étant presque inaliénables. En effet, le livre du Lévitique prescrit : « La terre ne sera pas vendue avec perte de tout droit, car la terre m'appartient et vous n'êtes pour moi que des étrangers et des hôtes » (Lv 25, 23). La terre est sacrée, car c'est un don du Seigneur, qui en tant que tel doit être préservé et conservé, comme le signe de la bénédiction divine qui se transmet de génération en génération et une garantie de dignité pour tous. On comprend alors la réponse négative de Nabot au roi : « Yahvé me garde de te céder l'héritage de mes pères » (1 R 21, 3).

Le roi Achab réagit à ce refus avec amertume et dédain. Il se sent offensé – il est le roi, le puissant –, diminué dans son autorité de souverain, et frustré dans la possibilité de satisfaire son désir de possession. En le voyant si abattu, sa femme Jézabel, une reine païenne qui avait accru les cultes idolâtres et faisait tuer les prophètes du Seigneur (voir 1 R 18, 4) – elle n'était pas laide, elle était méchante ! –, décide d'intervenir. Les paroles avec lesquelles elle s'adresse au roi sont très significatives. Écoutez la méchanceté qui est derrière cette femme : « Vraiment, tu fais un joli roi sur Israël ! Lève-toi et mange, et que ton cœur soit content, moi je vais te donner la vigne de Nabot de Yizréel » (v. 7). Elle met l'accent sur le prestige et sur le pouvoir du roi qui, d'après sa façon de voir, est remis en question par le refus de Nabot. Un pouvoir qu'elle considère au contraire absolu, et pour lequel chaque désir du roi puissant devient un ordre. Le grand saint Ambroise a écrit un petit livre sur cet épisode. Il s'appelle *Nabot*. Cela nous fera du bien de le lire. C'est très beau, c'est très concret.

Jésus, rappelant ces choses, nous dit :

> Vous savez que les chefs des nations dominent sur elles en maîtres et que les grands leur font sentir leur pouvoir. Il ne doit pas en être ainsi parmi vous ; au contraire, celui qui voudra devenir grand parmi vous, sera votre serviteur, et celui qui voudra être le premier d'entre vous, sera votre esclave [Mt 20, 25-27].

On perd la dimension du service, le pouvoir se transforme en arrogance et devient domination et oppression. C'est précisément ce qui se produit dans l'épisode de la vigne de Nabot. Jézabel, la reine, décide sans scrupule d'éliminer Nabot et met en œuvre son plan. Elle se sert des apparences mensongères d'une légalité perverse : elle expédie, au nom du roi, des lettres aux personnes âgées et aux notables de la ville en ordonnant que de faux témoins accusent publiquement Nabot d'avoir maudit Dieu et le roi, un crime puni par la mort. Ainsi, après la mort de Nabot, le roi peut se saisir de la vigne. Et cette histoire n'est pas celle d'autres temps, c'est aussi l'histoire d'aujourd'hui, des puissants qui, pour avoir plus d'argent, exploitent les pauvres, exploitent les gens. C'est l'histoire de la traite des personnes, du travail esclave, des pauvres gens qui travaillent au noir et pour un salaire misérable et pour l'enrichissement des puissants. C'est l'histoire des politiciens corrompus qui veulent plus, et plus, et plus ! C'est pourquoi je disais qu'il nous fera du bien de lire ce livre de saint Ambroise sur Nabot, car c'est un livre d'actualité.

Voilà où conduit l'exercice d'une autorité sans respect pour la vie, sans justice, sans miséricorde. Et voilà où conduit la soif de pouvoir : elle devient avidité qui veut tout posséder. Un texte du prophète Isaïe est particulièrement éclairant à ce propos. Dans celui-ci, le Seigneur met en garde contre l'avidité les riches propriétaires fonciers qui veulent posséder toujours plus de maisons et de terrains. Et le prophète Isaïe dit :

> Malheur à ceux qui ajoutent maison à maison, qui joignent champ à champ jusqu'à ne plus laisser de place et rester seuls habitants au milieu du pays [Is 5, 8].

Et le prophète Isaïe n'était pas communiste ! Mais Dieu est plus grand que la malveillance et que les manigances conçues par les êtres humains. Dans sa miséricorde, il envoie le prophète Élie aider Achab à se convertir. À présent, tournons la page, et comment se poursuit l'histoire ? Dieu voit ce crime et frappe également à la porte du cœur d'Achab, et le roi, placé devant son péché, comprend, est humilié, et demande pardon. Comme il serait beau que les exploiteurs puissants d'aujourd'hui fassent de même ! Le Seigneur accepte son repentir ; toutefois, un innocent a été tué ; et la faute commise aura des conséquences inévitables. Le mal accompli, en effet, laisse ses traces douloureuses, et l'histoire des hommes en porte les blessures.

La miséricorde montre également dans ce cas la voie maîtresse qui doit être poursuivie. La miséricorde peut guérir les blessures et peut changer l'histoire. Ouvre ton cœur à la miséricorde ! La miséricorde divine est plus forte que le péché des hommes. Elle est plus forte, Achab en est l'exemple ! Nous en connaissons le pouvoir, lorsque nous rappelons la venue du Fils de Dieu innocent qui s'est fait homme pour détruire le mal par son pardon. Jésus Christ est le vrai roi, mais son pouvoir est complètement différent. Son trône est la croix. Ce n'est pas un Dieu qui tue, mais au contraire, il donne la vie. En allant vers tous, en particulier vers les plus faibles, il vainc la solitude et le destin de mort auquel conduit le péché. Jésus Christ, à travers sa proximité et sa tendresse, conduit les pécheurs dans l'espace de la grâce et du pardon. Et cela est la miséricorde de Dieu.

Le souvenir de la bonté de Dieu

Analysant le « grand Hallel », le psaume de la miséricorde, Benoît XVI insiste sur « le souvenir de la bonté du Seigneur », qui a aussi été révélé dans l'histoire du siècle dernier : « Après la période sombre de la persécution nazie et communiste, Dieu nous a libérés, il a montré qu'il est bon, qu'il a de la force, que sa miséricorde est valable pour toujours ». Le pape François, qui a souhaité consacrer un Jubilé extraordinaire à la miséricorde divine, montre que notre espérance repose sur la certitude de la bonté d'un Dieu dispensateur de pardon, le « Dieu des nouveautés et des surprises » qui essuiera toute larme de nos yeux.

BENOÎT XVI
« Car éternel est son amour »

Je voudrais méditer avec vous un Psaume qui résume toute l'histoire du salut dont l'Ancien Testament nous apporte le témoignage. Il s'agit d'un grand hymne de louange qui célèbre le Seigneur dans les manifestations multiples et répétées de sa bonté tout au long de l'histoire des hommes : c'est le Psaume 136 (ou 135 selon la tradition gréco-latine).

Prière solennelle d'action de grâce, connu comme le « Grand Hallel », ce Psaume est chanté traditionnellement à la fin du repas pascal juif et a probablement été prié également par Jésus lors de la dernière Pâque célébrée avec les disciples ; c'est à lui en effet que semble faire allusion l'annotation des évangélistes : « Après le chant des Psaumes, ils partirent pour le mont des Oliviers » (voir Mt 26, 30 ; Mc 14, 26). L'horizon de la louange illumine ainsi le chemin difficile du Golgotha. Tout le Psaume 136 se déroule sous forme d'une litanie, rythmée par la répétition de l'antienne « car éternel est son amour ». Tout au long de la composition, sont énumérés les nombreux prodiges de Dieu dans l'histoire des hommes et ses interventions constantes en faveur de son peuple. À chaque proclamation de l'action salvifique du Seigneur répond l'antienne avec la motivation fondamentale de la louange : l'amour éternel de Dieu, un amour qui, selon le terme hébreu utilisé, implique fertilité, miséricorde, bonté, grâce et tendresse. Tel est le motif unifiant de tout le Psaume, répété toujours sous la même forme, tandis que changent ses manifestations ponctuelles et paradigmatiques : la création, la libération de l'exode, le don de la terre, l'aide providentielle et constante du Seigneur à l'égard de son peuple et de chaque créature.

Après une triple invitation à l'action de grâce au Dieu souverain (v. 1-3), on célèbre le Seigneur comme Celui qui a fait « des merveilles » (v. 4), dont la première est la création : le ciel, la terre, les étoiles (v. 5-9). Le monde créé n'est pas un simple scénario dans lequel s'inscrit l'action salvifique de Dieu, mais c'est le début même de cette action merveilleuse. Avec la création, le Seigneur se manifeste dans toute sa bonté et sa beauté, il se compromet avec la vie, révélant une volonté de bien dont jaillit toute autre action de salut. Et dans notre Psaume, faisant écho au premier chapitre de la Genèse, le monde créé est synthétisé dans ses éléments principaux, en insistant en particulier sur les astres, le soleil, la lune, les étoiles, créatures magnifiques qui gouvernent le jour et la nuit. On ne parle pas ici de la création de l'être humain, mais il est toujours présent ; le soleil et la lune sont pour lui – pour l'homme – pour rythmer le temps de l'homme, le mettant en relation avec le Créateur en particulier à travers l'indication des temps liturgiques.

C'est précisément la fête de Pâques qui est évoquée immédiatement après lorsque, passant à la manifestation de Dieu dans l'histoire, commence le grand événement de la libération de l'esclavage de l'Égypte, de l'exode et de ses éléments les plus significatifs : la libération, avec la plaie des premiers-nés égyptiens, le départ du pays, le passage de la mer Rouge, le cheminement dans le désert jusqu'à l'entrée en terre promise (v. 10-20). Nous nous trouvons au moment originel de l'histoire d'Israël. Dieu est intervenu à travers toute sa puissance pour conduire son peuple à la liberté ; à travers Moïse, son envoyé, il s'est imposé au pharaon, se révélant dans toute sa grandeur et, enfin, a écrasé la résistance des Égyptiens par le terrible fléau de la mort des premiers-nés. Ainsi, Israël peut quitter le pays de l'esclavage, avec l'or de ses oppresseurs (voir Ex 12, 35-36), « sortant la main haute » (Ex 14, 8), sous le signe exultant de la victoire. Au bord de la mer Rouge également, le Seigneur agit avec une puissance miséricordieuse. Devant un peuple d'Israël effrayé à la vue des Égyptiens qui le poursuivent, au point de regretter d'avoir quitté l'Égypte (voir Ex 14, 10-12), Dieu, comme le dit notre Psaume, « sépara en deux parts la mer des Joncs… fit passer Israël en son milieu… Y culbutant pharaon et son armée » (v. 13-15). L'image de la mer Rouge « séparée en deux » semble évoquer un grand monstre coupé en deux et rendu ainsi inoffensif. La puissance du Seigneur vainc le danger des forces de la nature et des forces militaires déployées par les hommes : la mer, qui semblait barrer la route au peuple de Dieu, laisse passer Israël au sec, puis se referme sur les Égyptiens, et les emporte. « La main forte et le bras étendu » du Seigneur (voir Dt 5, 15 ; 7, 19 ; 26, 8) se montrent ainsi dans toute leur force salvifique : l'oppresseur injuste a été vaincu, englouti par les eaux, tandis que le peuple de Dieu « passe en son milieu » pour poursuivre son chemin vers la liberté.

Notre Psaume fait à présent référence à ce chemin, en rappelant par une phrase très brève le long pèlerinage d'Israël vers la terre promise : « Il mena son peuple au désert, car éternel est son amour ! » (v. 16). Ces quelques mots contiennent une expérience de quarante ans, un temps décisif pour Israël qui, se laissant guider par le Seigneur, apprend à vivre de la foi, dans l'obéissance et dans la docilité à la loi de Dieu. Ce sont des années difficiles, marquées par la dureté de la vie dans le désert, mais aussi des années heureuses, de confiance dans le Seigneur, de confiance filiale ; c'est le temps de la « jeunesse » comme le définit le prophète Jérémie en parlant à Israël, au nom du Seigneur, avec des expressions pleines de tendresse et de nostalgie : « Je me rappelle l'affection de ta jeunesse, l'amour de tes fiançailles, alors que tu marchais derrière moi au désert, dans une terre qui n'est pas ensemencée » (Jr 2, 2). Le Seigneur, comme le pasteur du Psaume 23, a guidé son peuple pendant quarante ans, l'a éduqué et aimé, le conduisant jusqu'à la Terre promise, vainquant également les résistances et l'hostilité de peuples ennemis qui voulaient faire obstacle à son chemin de salut (voir v. 17-20).

Dans l'énumération des « grandes merveilles » que notre Psaume énonce, on parvient ainsi au moment du don conclusif, dans l'accomplissement de la promesse divine faite aux pères : « Il donna leur terre en héritage, car éternel est son amour ! En héritage à Israël son serviteur, car éternel est son amour ! » (v. 21-22). Dans la célébration de l'amour éternel du Seigneur, on fait à présent mémoire du don de la terre, un don que le peuple doit recevoir sans jamais en prendre possession, vivant continuellement dans une attitude de recueillement reconnaissant et plein de gratitude. Israël reçoit le territoire dans lequel habiter comme un « héritage », un terme qui désigne de manière générique la possession d'un bien reçu d'un autre, un droit de propriété qui, de manière spécifique, fait référence au patrimoine paternel. Une des prérogatives de Dieu est de « donner » ; et à présent, à la fin du chemin de l'exode, Israël, destinataire du don, comme un fils, entre dans le pays de la promesse accomplie. Le temps du vagabondage, sous les tentes, dans une vie marquée par la précarité, est fini. À présent a commencé le temps heureux de la stabilité, de la joie de construire des maisons, de planter les vignes, de vivre dans la sécurité (voir Dt 8, 7-13). Mais c'est également le temps de la tentation de l'idolâtrie, de la contamination avec les païens, de l'autosuffisance qui fait oublier l'origine du don. C'est pourquoi le psalmiste mentionne l'humiliation et les ennemis, une réalité de mort dans laquelle le Seigneur, encore une fois, se révèle comme le Sauveur : « Il se souvint de nous dans notre abaissement, car éternel est son amour ! Il nous sauva de la main des oppresseurs, car éternel est son amour ! » (v. 23-24).

Dès lors se pose la question : comment pouvons-nous faire de ce Psaume une prière qui soit nôtre, comment pouvons-nous nous approprier, par notre prière, ce Psaume ? Le cadre du Psaume est important : au début et à la fin, c'est la création. Nous reviendrons sur ce point : la création comme le grand don de Dieu dont nous vivons, dans lequel il se révèle dans sa bonté et sa grandeur. Et donc, avoir à l'esprit la création comme don de Dieu est un point qui nous est commun à tous. Vient ensuite l'histoire du salut. Naturellement, nous pouvons dire : cette libération de l'Égypte, le temps du désert, l'entrée en Terre sainte puis les autres problèmes, sont très loin de nous, ils n'appartiennent pas à notre histoire. Mais nous devons être attentifs à la structure fondamentale de cette prière. La structure fondamentale est qu'Israël se rappelle la bonté du Seigneur. Dans cette histoire, il y a beaucoup de vallées obscures, il y a beaucoup de moments marqués par la difficulté et la mort, mais Israël se rappelle que Dieu était bon et qu'il peut survivre dans cette vallée obscure, dans cette vallée de la mort, parce qu'il se souvient. Il garde en mémoire la bonté du Seigneur, sa puissance ; sa miséricorde vaut pour l'éternité. Et cela est important pour nous aussi : garder en mémoire la bonté du Seigneur. La mémoire devient force de l'espérance. La mémoire nous dit : Dieu existe, Dieu est bon, éternelle est sa miséricorde. Et ainsi, la mémoire ouvre, même dans l'obscurité d'un jour, d'un temps, la route vers l'avenir : elle est la lumière et l'étoile qui nous guident. Nous avons nous aussi une mémoire du bien, de l'amour miséricordieux et éternel de Dieu. L'histoire d'Israël appartient à notre mémoire aussi, la mémoire de la façon dont Dieu s'est montré, a créé son peuple. Puis Dieu s'est fait homme, l'un d'entre nous : il a vécu avec nous, il a souffert avec nous, il est mort pour nous. Il reste avec nous dans le Sacrement et dans la Parole. C'est une histoire, une mémoire de la bonté de Dieu qui nous assure sa bonté : son amour est éternel. Et puis aussi en ces deux mille ans de l'histoire de l'Église, il y a toujours, à nouveau, la bonté du Seigneur. Après la période obscure de la persécution nazie et communiste, Dieu nous a libérés, il a montré qu'il est bon, qu'il a de la force, que sa miséricorde vaut pour toujours. Et, comme dans l'histoire commune, collective, est présente cette mémoire de la bonté de Dieu, elle nous aide, elle devient étoile de l'espérance. Ainsi, chacun a son histoire personnelle de salut, et nous devons réellement tirer profit de cette histoire, avoir toujours à l'esprit la mémoire des grandes choses qu'il a faites dans notre vie aussi, pour avoir confiance : sa miséricorde est éternelle. Et si aujourd'hui, je suis dans la nuit obscure, demain, il me libérera car sa miséricorde est éternelle.

Revenons au Psaume, parce que, à la fin, il revient à la création. Le Seigneur – c'est ce qui est dit – « à toute chair, il donne le pain, éternel est son amour ! » (v. 25). La prière du Psaume se conclut par une invitation à la louange : « Rendez grâce au Dieu du ciel, éternel est son amour ! » Le Seigneur est le Père bon et prévoyant, qui donne son héritage à ses fils et offre à tous la nourriture pour vivre. Le Dieu qui a créé les cieux et la terre et les grandes lumières célestes, qui entre dans l'histoire des hommes pour conduire au salut tous ses enfants est le Dieu qui comble l'univers de sa présence de bien en étant attentif à la vie et en donnant du pain. La puissance invisible du Créateur et Seigneur chantée dans le Psaume se révèle dans la visibilité d'un petit bout de pain qu'il nous donne et avec lequel il nous fait vivre. Et ainsi, ce pain quotidien symbolise et synthétise l'amour de Dieu comme Père, et nous ouvre à l'accomplissement néo-testamentaire, à ce « pain de vie », l'Eucharistie, qui nous accompagne dans notre existence de croyants, en anticipant la joie définitive du banquet messianique au Ciel.

La louange de bénédiction du Psaume 136 nous a fait reparcourir les étapes les plus importantes de l'histoire du salut, jusqu'à parvenir au mystère pascal, où l'action salvifique de Dieu arrive à son sommet. Avec une joie reconnaissante nous célébrons donc le Créateur, Sauveur et Père fidèle, qui « a tant aimé le monde qu'il a donné son Fils unique : ainsi tout homme qui croit en lui ne périra pas, mais il obtiendra la vie éternelle » (Jn 3, 16). Dans la plénitude des temps, le Fils de Dieu se fait homme pour donner la vie, pour le salut de chacun de nous, et il se donne comme pain dans le mystère eucharistique pour nous faire entrer dans son alliance qui fait de nous ses fils. C'est à ce point que s'élèvent la bonté miséricordieuse de Dieu et la sublimité de son « amour pour toujours ».

Je veux faire miennes les paroles que saint Jean écrit dans sa Première Lettre et que nous devrions toujours avoir à l'esprit dans notre prière : « Voyez comme il est grand, l'amour dont le Père nous a comblés : il a voulu que nous soyons appelés fils de Dieu – et nous le sommes » (1 Jn 3, 1).

PAPE FRANÇOIS

Espérance et miséricorde

Jésus vient d'accomplir un acte scandaleux. Une femme de la ville, connue de tous comme une pécheresse, est entrée dans la maison de Simon, s'est agenouillée aux pieds de Jésus et a versé de l'huile parfumée sur ses pieds. Tous ceux qui étaient présents à table murmurent : si Jésus est un prophète, il ne devrait pas accepter des gestes de ce genre d'une femme comme celle-ci. Ces femmes qui – les pauvres ! – ne servaient qu'à être rencontrées en cachette, également par les chefs, ou à être lapidées. Selon la mentalité de l'époque, entre le saint et le pécheur, entre le pur et l'impur la séparation devait être nette.

Mais l'attitude de Jésus est différente. Dès le début de son ministère en Galilée, Il s'approche des lépreux, des possédés, de tous les malades et des exclus. Un comportement de ce genre n'était pas du tout habituel, et cette sympathie de Jésus pour les exclus, les « intouchables », sera d'ailleurs l'une des choses qui déconcerteront le plus ses contemporains. Là où il y a une personne qui souffre, Jésus la prend en charge et cette souffrance devient la sienne. Jésus ne prêche pas que la condition de peine doit être supportée avec héroïsme, à la manière des philosophes stoïques. Jésus partage la douleur humaine, et quand il la rencontre, du plus profond de lui-même jaillit cette attitude qui caractérise le christianisme : la miséricorde. Devant la douleur humaine, Jésus ressent la miséricorde ; le cœur de Jésus est miséricordieux. Jésus éprouve de la compassion. Littéralement : Jésus sent ses entrailles frémir. Combien de fois dans les évangiles rencontrons-nous des réactions de ce genre. Le cœur du Christ incarne et révèle le cœur de Dieu, qui, là où se trouve un homme ou une femme qui souffre, veut sa guérison, sa libération, sa vie en plénitude.

C'est pour cette raison que Jésus ouvre ses bras aux pécheurs. Que de gens poursuivent aujourd'hui encore une vie d'erreur, parce qu'ils ne trouvent personne qui soit disponible pour le ou la regarder de manière différente, avec les yeux, ou mieux, avec le cœur de Dieu, c'est-à-dire à les regarder *avec espérance*. Jésus voit, en revanche, une possibilité de résurrection également chez celui qui a accumulé tant de mauvais choix. Jésus est toujours là, avec le cœur ouvert ; il offre cette miséricorde qu'il a dans le cœur ; il pardonne, il embrasse, il comprend, il s'approche : Jésus est ainsi !

Nous oublions parfois que pour Jésus, il ne s'est pas agi d'un amour facile, à moindres frais. Les évangiles ont enregistré les premières réactions négatives à l'égard de Jésus précisément lorsqu'il pardonna les péchés d'un homme (voir Mc 2, 1-12). C'était un homme qui souffrait doublement : parce qu'il ne pouvait pas marcher et parce qu'il se sentait « dans l'erreur ». Et Jésus comprend que la deuxième douleur est plus grande que la première, au point qu'il l'accueille immédiatement par une annonce de libération : « Mon enfant, tes péchés sont remis » (v. 5). Il libère de ce sentiment d'oppression de se sentir dans l'erreur. C'est alors que certains scribes – ceux qui se croient parfaits : je pense aux nombreux catholiques qui se croient parfaits et méprisent les autres… cela est triste… –, certains scribes qui étaient présents, sont scandalisés par ces paroles de Jésus, qui retentissent comme un blasphème, car Dieu seul peut pardonner les péchés.

Nous qui sommes habitués à faire l'expérience du pardon des péchés peut-être « à trop bon marché », nous devrions quelquefois nous rappeler combien nous avons coûté à l'amour de Dieu. Chacun de nous a coûté assez cher : la vie de Jésus ! Mais Lui l'aurait donné ne serait-ce que pour un seul d'entre nous. Jésus n'est pas mis en croix parce qu'il guérit les malades, parce qu'il prêche la charité, parce qu'il proclame les béatitudes. Le Fils de Dieu est surtout mis en croix parce qu'il pardonne les péchés, parce qu'il veut la libération totale, définitive du cœur de l'homme. Parce qu'il n'accepte pas que l'être humain consume toute son existence avec ce « tatouage » indélébile, avec la pensée de ne pas pouvoir être accueilli par le cœur miséricordieux de Dieu. Et c'est avec ces sentiments que Jésus va à la rencontre des pécheurs, que nous sommes tous.

Ainsi, les pécheurs sont pardonnés. Ils ne sont pas seulement rassérénés sur le plan psychologique, parce que libérés du sentiment de culpabilité. Jésus fait beaucoup plus : il offre aux personnes qui sont dans l'erreur l'espérance d'une vie nouvelle. « Mais, Seigneur, je suis une loque » – « Regarde devant toi et je te ferai un cœur nouveau ». Telle est l'espérance que nous donne Jésus. Une vie marquée par l'amour. Matthieu le publicain devient apôtre du Christ : Matthieu qui est un traître de sa patrie, qui exploite les personnes. Zacchée, riche corrompu de Jéricho – il avait certainement un diplôme en pots-de-vin –, se transforme en bienfaiteur des pauvres. La femme de Samarie, qui a eu cinq maris et qui vit à présent avec un autre, s'entend promettre une « eau vive » qui pourra toujours jaillir en elle (voir Jn 4, 14). Ainsi Jésus change les cœurs ; il fait cela avec nous tous.

Cela nous fait du bien de penser que Dieu n'a pas choisi comme matière première pour former son Église les personnes qui ne commettent jamais d'erreur. L'Église est un peuple de pécheurs qui font l'expérience de la miséricorde et du pardon de Dieu. Pierre a compris plus de vérités sur lui-même lors du chant du coq, qu'à l'occasion de ses élans de générosité, qui lui gonflaient la poitrine, le faisant se sentir supérieur aux autres.

Nous sommes tous de pauvres pécheurs qui ont besoin de la miséricorde de Dieu. Lui seul a le pouvoir de nous transformer et de nous redonner l'espoir, et ce tous les jours. Et à ceux qui ont compris cette vérité fondamentale, Dieu donne la plus belle des missions : l'amour pour les frères et sœurs et l'annonce d'une miséricorde que Dieu ne refuse à personne. Voilà notre espérance. Nous avançons avec cette confiance dans le pardon, dans l'amour miséricordieux de Jésus.

*

« Voici, je fais l'univers nouveau », dit le Seigneur dans le livre de l'Apocalypse (21, 5). L'espérance chrétienne se fonde sur la foi en Dieu qui crée toujours des nouveautés dans la vie de l'homme, il crée des nouveautés dans l'histoire, il crée des nouveautés dans l'univers. Notre Dieu est le Dieu qui crée la nouveauté, parce que c'est le Dieu des surprises.

Il n'est pas chrétien de marcher le regard tourné vers le bas – comme le font les cochons : ils avancent toujours ainsi – sans lever les yeux vers l'horizon. Comme si tout notre chemin finissait ici, en l'espace de quelques mètres de parcours ; comme si dans notre vie, il n'y avait aucune destination ni aucune escale, et que nous étions contraints à errer éternellement, sans rien qui justifie nos nombreux efforts. Cela n'est pas chrétien.

Les pages finales de la Bible nous montrent l'horizon ultime du chemin du croyant : la Jérusalem du Ciel, la Jérusalem céleste. Elle est imaginée avant tout comme une demeure immense, où Dieu accueillera tous les hommes pour habiter définitivement avec eux (voir Ap 21, 3). Et cela est notre espérance. Et que fera Dieu, quand nous serons enfin avec Lui ? Il fera preuve d'une tendresse infinie à notre égard, comme un père qui accueille ses enfants qui ont longtemps peiné et souffert. Jean, dans l'Apocalypse, prophétise :

> Voici la demeure de Dieu avec les hommes ! Il essuiera toute larme de leurs yeux : de mort, il n'y en aura plus ; de pleur, de cri et de peine, il n'y en aura plus, car l'ancien monde s'en est allé [...] Voici, je fais l'univers nouveau ! [21, 3-5].

Le Dieu de la nouveauté !

Essayez de réfléchir à ce passage de l'Écriture sainte non pas de façon abstraite, mais après avoir regardé le journal télévisé ou la couverture des journaux, où il y a tant de tragédies, où l'on rapporte des nouvelles tristes auxquelles tous risquent de s'habituer. Essayez de penser aux visages des enfants effrayés par la guerre, aux pleurs des mères, aux rêves brisés de nombreux jeunes, aux réfugiés qui affrontent des voyages terribles, et sont si souvent exploités... Malheureusement, la vie, c'est également cela. On a parfois envie de dire que c'est surtout cela.

Peut-être. Mais il y a un Père qui pleure avec nous ; il y a un Père qui verse des larmes de pitié infinie envers ses enfants. Nous avons un Père qui sait pleurer, qui pleure avec nous. Un Père qui attend pour nous consoler, parce qu'il connaît nos souffrances et nous a préparé un avenir différent. Telle est la grande vision de l'espérance chrétienne, qui enveloppe tous les jours de notre existence, et qui veut nous soulager.

Dieu n'a pas voulu nos vies par erreur, en s'obligeant, ainsi que nous, à de pénibles nuits d'angoisse. Au contraire, il nous a créés parce qu'il nous veut heureux. C'est notre Père et si nous, ici, faisons l'expérience d'une vie qui n'est pas celle qu'il a voulue pour nous, Jésus nous garantit que Dieu lui-même accomplit son rachat. Il œuvre pour nous racheter.

Nous croyons et nous savons que la mort et la haine ne sont pas les dernières paroles prononcées sur la parabole de l'existence humaine. Être chrétiens implique une nouvelle perspective : un regard plein d'espérance. Certains croient que la vie détient tous ses bonheurs dans la jeunesse et dans le passé et que vivre est un lent déclin. D'autres encore considèrent que nos joies ne sont qu'épisodiques et passagères, et que dans la vie des hommes est inscrit le non-sens. Ceux qui, devant tant de catastrophes, disent : « Mais la vie n'a pas de sens. Notre chemin est le non-sens. » Mais nous, chrétiens, ne croyons pas cela. Nous croyons en revanche que dans l'horizon de l'homme, il existe un soleil qui illumine pour toujours. Nous croyons que nos jours les plus beaux doivent encore arriver. Nous sommes davantage des personnes de printemps que d'automne. J'aimerais demander – que chacun réponde dans son cœur, en silence, mais qu'il réponde – : « Est-ce que je suis un homme, une femme, un garçon, une fille de printemps ou d'automne ? Mon âme est-elle de printemps ou d'automne ? » Que chacun réponde. Nous percevons les bourgeons d'un monde nouveau plutôt que les feuilles jaunies sur les branches. Nous ne nous berçons pas de nostalgie, de regrets et de plaintes : nous savons que Dieu veut que nous soyons les héritiers d'une promesse et d'inlassables cultivateurs de rêves. N'oubliez pas cette question : « Suis-je une personne de printemps ou d'automne ? » De printemps, qui attend la fleur, qui attend le fruit, qui attend le soleil qui est Jésus, ou d'automne, qui a toujours le visage tourné vers le bas, aigri et, comme je l'ai dit parfois, le visage des piments au vinaigre.

Le chrétien sait que le Royaume de Dieu, sa Seigneurie d'amour croît comme un grand champ de blé, même si au milieu, se trouve l'ivraie. Il y a toujours des problèmes, il y a les commérages, il y a les guerres, il y a les maladies… Il y a des problèmes. Mais le grain croît, et à la fin, le mal sera éliminé. L'avenir ne nous appartient pas, mais nous savons que Jésus Christ est la plus grande grâce de la vie : il est le baiser de Dieu qui nous attend à la fin, mais qui nous accompagne dès à présent et nous réconforte sur le chemin. Il nous conduit à la grande « demeure » de Dieu avec les hommes (voir Ap 21, 3), avec nos nombreux autres frères et sœurs, et nous apporterons à Dieu le souvenir des jours vécus ici-bas. Et il sera beau de découvrir en cet instant que rien ne s'est perdu, aucun sourire, aucune larme. Même si notre vie a été longue, il nous semblera l'avoir vécue dans un souffle. Et que la création ne s'est pas arrêtée au sixième jour de la Genèse, mais qu'elle s'est poursuivie, inlassable, parce que Dieu s'est toujours préoccupé de nous. Jusqu'au jour où tout s'accomplira, au matin où les larmes seront séchées, à l'instant même où Dieu prononcera son ultime parole de bénédiction : « Voici – dit le Seigneur –, je fais toutes choses nouvelles » (v. 5). Oui, notre Père est le Dieu des nouveautés et des surprises. Et ce jour-là, nous serons véritablement heureux, et nous pleurerons. Oui : mais nous pleurerons de joie.

La pratique de l'amour

Les saints « changent le monde en mieux », dit Benoît XVI, « en introduisant les énergies que seul l'amour inspiré par l'Évangile peut susciter ». L'histoire de Claire d'Assise est la démonstration vivante que la charité « surmonte toute résistance et que quiconque aime fait chaque sacrifice avec joie ». Le pape François revient sur la parabole du Bon Samaritain (le prêtre qui ne s'arrête pas pour aider le mourant « peut-être a-t-il regardé sa montre et a dit : "Mais, je suis en retard pour la messe... je dois dire la messe" ») et nous avertit : « Celui qui fréquente la maison de Dieu et connaît sa miséricorde ne sait pas automatiquement aimer son prochain. Ce n'est pas automatique ! »

BENOÎT XVI

Au service du Père des miséricordes

L'une des saintes les plus aimées est sans aucun doute sainte Claire d'Assise, qui vécut au XIIIe siècle, et qui fut contemporaine de saint François. Son témoignage nous montre combien l'Église tout entière possède une dette envers des femmes courageuses et riches de foi comme elle, capables d'apporter une impulsion décisive au renouveau de l'Église.

Qui était donc Claire d'Assise ? Pour répondre à cette question, nous possédons des sources sûres : non seulement les anciennes biographies, comme celles de Thomas de Celano, mais également les *Actes* du procès de canonisation promu par le pape quelques mois seulement après la mort de Claire et qui contiennent les témoignages de ceux qui vécurent à ses côtés pendant longtemps.

Née en 1193, Claire appartenait à une riche famille aristocratique. Elle renonça à la noblesse et à la richesse pour vivre dans l'humilité et la pauvreté, adoptant la forme de vie que François d'Assise proposait. Même si ses parents, comme cela arrivait alors, projetaient pour elle un mariage avec un personnage important, à 18 ans, Claire, à travers un geste audacieux inspiré par le profond désir de suivre le Christ et par son admiration pour François, quitta la maison paternelle et, en compagnie de son amie, Bona de Guelfuccio, rejoignit en secret les frères mineurs dans la petite église de la Portioncule.

C'était le soir du dimanche des Rameaux de l'an 1211. Dans l'émotion générale, fut accompli un geste hautement symbolique : tandis que ses compagnons tenaient entre les mains des flambeaux allumés, François lui coupa les cheveux et Claire se vêtit d'un habit de pénitence en toile rêche. À partir de ce moment, elle devint l'épouse vierge du Christ, humble et pauvre, et se consacra entièrement à Lui. Comme Claire et ses compagnes, d'innombrables femmes au cours de l'histoire ont été fascinées par l'amour pour le Christ qui, dans la beauté de sa personne divine, remplit leur cœur. Et l'Église tout entière, au moyen de la mystique vocation nuptiale des vierges consacrées, apparaît ce qu'elle sera pour toujours : l'Épouse belle et pure du Christ.

L'une des quatre lettres que Claire envoya à sainte Agnès de Prague, fille du roi de Bohême, qui voulut suivre ses traces, parle du Christ, son bien-aimé Époux, avec des expressions nuptiales qui peuvent étonner, mais qui sont émouvantes :

> Alors que vous le touchez, vous devenez plus pure, alors que vous le recevez, vous êtes vierge. Son pouvoir est plus fort, sa générosité plus grande, son apparence plus belle, son amour plus suave et son charme plus exquis. Il vous serre déjà dans ses bras, lui qui a orné votre poitrine de pierres précieuses… lui qui a mis sur votre tête une couronne d'or arborant le signe de la sainteté [*Première Lettre : FF*, 2862].

En particulier au début de son expérience religieuse, Claire trouva en François d'Assise non seulement un maître dont elle pouvait suivre les enseignements, mais également un ami fraternel. L'amitié entre ces deux saints constitue un très bel et important aspect. En effet, lorsque deux âmes pures et enflammées par le même amour pour le Christ se rencontrent, celles-ci tirent de leur amitié réciproque un encouragement très profond pour parcourir la voie de la perfection. L'amitié est l'un des sentiments humains les plus nobles et élevés que la Grâce divine purifie et transfigure. Comme saint François et sainte Claire, d'autres saints ont vécu une profonde amitié sur leur chemin vers la perfection chrétienne, comme saint François de Sales et sainte Jeanne de Chantal. Et précisément saint François de Sales écrit :

> Il est beau de pouvoir aimer sur terre comme on aime au ciel, et d'apprendre à s'aimer en ce monde comme nous le ferons éternellement dans l'autre. Je ne parle pas ici du simple amour de charité, car nous devons avoir celui-ci pour tous les hommes ; je parle de l'amitié spirituelle, dans le cadre de laquelle, deux, trois ou plusieurs personnes s'échangent les dévotions, les affections spirituelles et deviennent réellement un seul esprit [*Introduction à la vie de dévotion*, III, 19].

Après avoir passé une période de quelques mois auprès d'autres communautés monastiques, résistant aux pressions de sa famille qui, au début, n'approuvait pas son choix, Claire s'établit avec ses premières compagnes dans l'église Saint-Damien où les frères mineurs avaient préparé un petit couvent pour elles. Elle vécut dans ce monastère pendant plus de quarante ans, jusqu'à sa mort, survenue en 1253. Une description directe nous est parvenue de la façon dont vivaient ces femmes au cours de ces années, au début du mouvement franciscain. Il s'agit du compte rendu admiratif d'un évêque flamand en visite en Italie, Jacques de Vitry, qui affirme avoir trouvé un grand nombre d'hommes et de femmes, de toute origine sociale, qui,

> ayant quitté toute chose pour le Christ, fuyaient le monde. Ils s'appelaient *frères mineurs* et *sœurs mineures* et sont tenus en grande estime par Monsieur le Pape et par les cardinaux [...]. Les femmes [...] demeurent ensemble dans divers hospices non loin des villes. Elles ne reçoivent rien,

mais vivent du travail de leurs mains. Et elles sont profondément attristées et troublées, car elles sont honorées plus qu'elles ne le voudraient, par les prêtres et les laïcs [*Lettre d'octobre 1216 : FF*, 2205.2207].

Jacques de Vitry avait saisi avec une grande perspicacité un trait caractéristique de la spiritualité franciscaine à laquelle Claire fut très sensible : la radicalité de la pauvreté associée à la confiance totale dans la Providence divine. C'est pour cette raison qu'elle agit avec une grande détermination, en obtenant du pape Grégoire IX ou, probablement déjà du pape Innocent III, celui que l'on appela le *Privilegium Paupertatis* (voir *FF*, 3279). Sur la base de celui-ci, Claire et ses compagnes de Saint-Damien ne pouvaient posséder aucune propriété matérielle. Il s'agissait d'une exception véritablement extraordinaire par rapport au droit canonique en vigueur et les autorités ecclésiastiques de cette époque le concédèrent en appréciant les fruits de sainteté évangélique qu'elles reconnaissaient dans le mode de vie de Claire et de ses consœurs. Cela montre que même au cours des siècles du Moyen Âge, le rôle des femmes n'était pas secondaire, mais considérable. À cet égard, il est bon de rappeler que Claire a été la première femme dans l'histoire de l'Église à avoir rédigé une Règle écrite, soumise à l'approbation du pape, pour que le charisme de François d'Assise fût conservé dans toutes les communautés féminines, de plus en plus nombreuses déjà de son temps, qui désiraient s'inspirer de l'exemple de François et de Claire.

Dans le couvent de Saint-Damien, Claire pratiqua de manière héroïque les vertus qui devraient distinguer chaque chrétien : l'humilité, l'esprit de piété et de pénitence, la charité. Bien qu'étant la supérieure, elle voulait servir personnellement les sœurs malades, en s'imposant aussi des tâches très humbles : la charité en effet, surmonte toute résistance et celui qui aime accomplit tous les sacrifices avec joie. Sa foi dans la présence réelle de l'Eucharistie était si grande que, par deux fois, un fait prodigieux se réalisa. Par la seule ostension du Très Saint Sacrement, elle éloigna les soldats mercenaires sarrasins, qui étaient sur le point d'agresser le couvent de Saint-Damien et de dévaster la ville d'Assise.

Ces épisodes aussi, comme d'autres miracles, dont est conservée la mémoire, poussèrent le pape Alexandre IV à la canoniser deux années seulement après sa mort, en 1255, traçant un éloge dans la bulle de canonisation, où nous lisons :

> Comme est vive la puissance de cette lumière et comme est forte la clarté de cette source lumineuse. Vraiment, cette lumière se tenait cachée dans la retraite de la vie de clôture et dehors rayonnaient des éclats lumineux ; elle se recueillait dans un étroit monastère, et dehors elle se diffusait dans la grandeur du monde. Elle se protégeait à l'intérieur et elle se répandait à l'extérieur. Claire en effet, se cachait : mais sa vie était révélée à tous. Claire se taisait mais sa renommée criait [*FF*, 3284].

Et il en est véritablement ainsi : ce sont les saints qui changent le monde en mieux, le transforment de manière durable, en insufflant les énergies que seul l'amour inspiré par l'Évangile peut susciter. Les saints sont les grands bienfaiteurs de l'humanité !

La spiritualité de sainte Claire, la synthèse de sa proposition de sainteté est recueillie dans la quatrième lettre à sainte Agnès de Prague. Sainte Claire a recours à une image d'ascendance patristique, très répandue au Moyen Âge : le miroir. Et elle invite son amie de Prague à se refléter dans ce miroir de perfection de toute vertu qu'est le Seigneur lui-même. Elle écrit :

> Heureuse certes celle à qui il est donné de prendre part au festin sacré pour s'attacher jusqu'au fond de son cœur [au Christ], à celui dont toutes les troupes célestes ne cessent d'admirer la beauté, dont l'amitié émeut, dont la contemplation nourrit, dont la bienveillance comble, dont la douceur rassasie, dont le souvenir pointe en douceur, dont le parfum fera revivre les morts, dont la vue en gloire fera le bonheur des citoyens de la Jérusalem d'en haut. Tout cela puisqu'il est la *splendeur de la gloire éternelle, l'éclat de la lumière éternelle et le miroir sans tache*. Ce miroir, contemple-le chaque jour, ô Reine, épouse de Jésus Christ, et n'arrête d'y contempler ton apparence afin que… tu puisses, intérieurement et extérieurement, te parer comme il convient… En ce miroir brillent la bienheureuse pauvreté, la sainte humilité et l'ineffable charité [*Quatrième lettre* : *FF*, 2901-2903].

Rendant grâce à Dieu qui nous donne les saints qui parlent à notre cœur et nous offrent un exemple de vie chrétienne à imiter, je voudrais conclure avec les mêmes paroles de bénédiction que sainte Claire composa pour ses consœurs et qu'aujourd'hui encore les Clarisses, qui jouent un précieux rôle dans l'Église par leur prière et leur œuvre, conservent avec une grande dévotion. Ce sont des expressions où émerge toute la tendresse de sa maternité spirituelle :

> Je vous bénis dans ma vie et après ma mort, comme je peux et plus que je le peux, avec toutes les bénédictions par lesquelles le Père des miséricordes pourrait bénir et bénira au ciel et sur la terre les fils et les filles, et avec lesquelles un père et une mère spirituelle pourraient bénir et béniront leurs fils et leurs filles spirituels. Amen [*FF*, 2856].

PAPE FRANÇOIS
Le bon Samaritain

Réfléchissons sur la parabole du bon Samaritain (voir Lc 10, 25-37). Un docteur de la Loi met à l'épreuve Jésus, avec cette question : « Maître, que dois-je faire pour avoir en héritage la vie éternelle ? » (v. 25). Jésus lui demande de donner lui-même la réponse, et celui-ci la donne parfaitement : « Tu aimeras le Seigneur ton Dieu de tout ton cœur, de toute ton âme, de toute ta force et de toute ton intelligence, et ton prochain comme toi-même » (v. 27). Jésus conclut alors : « Fais ainsi et tu vivras » (v. 28).

Mais cet homme pose une autre question, qui devient très précieuse pour nous : « Et qui est mon prochain ? » (v. 29), en sous-entendant : « Mes parents ? Mes concitoyens ? Ceux de ma religion ?... » En somme, il veut une règle claire qui lui permette de classifier les autres entre les « prochains » et les « non-prochains », entre ceux qui peuvent devenir prochains et ceux qui ne le peuvent pas.

Et Jésus répond par une parabole qui met en scène un prêtre, un lévite et un Samaritain. Les deux premiers sont des figures liées au culte du temple ; le troisième est un juif schismatique, considéré comme un étranger, païen et impur. Sur la route de Jérusalem, à Jéricho, le prêtre et le lévite rencontrent un homme à moitié mort, que des brigands ont attaqué, dérobé et abandonné. Dans une telle situation, la Loi du Seigneur prévoyait l'obligation de lui porter secours, mais tous deux passent leur chemin sans s'arrêter. Ils étaient pressés… Sans doute le prêtre a-t-il regardé sa montre et a dit : « Je vais arriver en retard à la messe… Je dois dire la messe. » Et l'autre a dit : « Je ne sais pas si la Loi me le permet, parce qu'il y a du sang ici, et je serai impur… » Ils changent de chemin et ne s'approchent pas. Ici, la parabole nous offre un premier enseignement : celui qui fréquente la maison de Dieu et connaît sa miséricorde ne sait pas automatiquement aimer son prochain. Ce n'est pas automatique ! Tu peux connaître toute la Bible, tu peux connaître toutes les rubriques liturgiques, tu peux connaître toute la théologie, mais connaître ne signifie pas automatiquement aimer : aimer est un autre chemin, il faut de l'intelligence, mais aussi quelque chose en plus… Le prêtre et le lévite voient, mais ignorent ; ils regardent, mais ne prévoient pas. Pourtant, il n'existe pas de véritable culte si celui-ci ne se traduit pas en service au prochain. Ne l'oublions jamais : face à la souffrance de tant de personnes épuisées par la faim, par la violence et par les injustices, nous ne pouvons pas demeurer spectateurs. Ignorer la souffrance de l'homme, qu'est-ce que cela signifie ? Cela signifie ignorer Dieu ! Si je ne m'approche pas de cet homme, de cette femme, de cet enfant, de cet homme âgé ou de cette femme âgée qui souffre, je ne m'approche pas de Dieu.

Mais venons-en au cœur de la parabole : le Samaritain, c'est-à-dire précisément celui qui est méprisé, celui sur lequel personne n'aurait rien parié, et qui, par ailleurs, avait lui aussi ses occupations et des choses à faire, quand il vit l'homme blessé, ne passa pas son chemin, comme les deux autres qui étaient liés au Temple, mais « il fut saisi de compassion » (v. 33). L'évangile dit : « Il fut saisi de compassion », c'est-à-dire que son cœur, ses entrailles se sont émus ! Voilà la différence. Les deux autres « virent », mais leur cœur demeura fermé et froid. En revanche, le cœur du Samaritain était en accord avec le cœur même de Dieu. En effet, la « compassion » est une caractéristique essentielle de la miséricorde de Dieu. Dieu a de la compassion pour nous. Qu'est-ce que cela veut dire ? Il souffre avec nous, il sent nos souffrances. Compassion signifie : « souffrir avec ». Le verbe indique que les entrailles s'émeuvent et tressaillent à la vue du mal de l'homme. Et dans les gestes et dans les actions du bon Samaritain, nous reconnaissons l'action miséricordieuse de Dieu dans toute l'histoire du salut. C'est la même compassion avec laquelle le Seigneur vient à la rencontre de chacun de nous : Il ne nous ignore pas, il connaît nos douleurs, il sait combien nous avons besoin d'aide et de réconfort. Il vient près de nous et ne nous abandonne jamais. Que chacun de nous se pose la question et réponde dans son cœur : « Est-ce que j'y crois ? Est-ce que je crois que le Seigneur a de la compassion pour moi, tel que je suis, pécheur, avec beaucoup de problèmes et tant de choses ? » Pensons à cela et la réponse est : « Oui ! » Mais chacun doit regarder dans son cœur pour voir s'il a la foi dans cette compassion de Dieu, du Dieu bon qui s'approche, nous guérit, nous caresse. Et si nous le refusons, il attend : il est patient et il est toujours à nos côtés.

Le Samaritain se comporte avec une véritable miséricorde : il panse les blessures de cet homme, le porte jusqu'à une auberge, en prend soin personnellement et se charge de son assistance. Tout cela nous enseigne que la compassion, l'amour, n'est pas un vague sentiment, mais signifie prendre soin de l'autre jusqu'à payer de sa personne. Cela signifie se compromettre en accomplissant tous les pas nécessaires pour « s'approcher » de l'autre jusqu'à s'identifier à lui : « Tu aimeras ton prochain comme toi-même. » Voilà le Commandement du Seigneur.

Ayant conclu la parabole, Jésus renverse la question du docteur de la Loi et lui demande : « Lequel des trois, à ton avis, a été le prochain de l'homme tombé aux mains des bandits ? » (v. 36). La réponse est finalement sans équivoque : « Celui qui a fait preuve de pitié envers lui »

(v. 37). Au début de la parabole, pour le prêtre et le lévite, le prochain était le mourant ; au terme de celle-ci, le prochain est le Samaritain qui s'est fait proche. Jésus renverse la perspective : ne cherche pas à classifier les autres pour voir qui est le prochain et qui ne l'est pas. Tu peux devenir le prochain de toute personne que tu rencontres qui est dans le besoin, et tu le seras dans ton cœur si tu as de la compassion, c'est-à-dire si tu as la capacité de souffrir avec l'autre.

Cette parabole est un merveilleux cadeau pour nous tous, mais elle est aussi exigeante ! À chacun de nous, Jésus répète ce qu'il dit au docteur de la Loi : « Va, et toi aussi, fais de même » (v. 37). Nous sommes tous appelés à parcourir le même chemin que le bon Samaritain, qui est la figure du Christ : Jésus s'est penché sur nous, il est devenu notre serviteur, et ainsi, il nous a sauvés, afin que nous aussi, nous puissions nous aimer comme il nous a aimés, de la même façon.

Vaincre la mort

Pour Benoît XVI, la Pâque – la mort et la résurrection de Jésus – est, comme l'exhorte saint Paul, l'occasion de « laisser mourir en nous le désir insatiable de biens matériels, l'égoïsme, la racine de tout péché » et de faire naître « l'homme nouveau », qui marche quotidiennement sur cette terre vers « notre vraie patrie ». Le pape François nous rappelle que « quiconque pratique la miséricorde ne craint pas la mort », car « il la regarde en face dans les blessures de ses frères et la surmonte avec l'amour de Jésus-Christ ».

BENOÎT XVI
« Gardez-vous des biens de la terre »

La Pâque est au cœur du mystère chrétien. Tout, en effet, part de là : le Christ ressuscité d'entre les morts est le fondement de notre foi. À partir de la Pâque rayonne, comme d'un centre lumineux, incandescent, toute la liturgie de l'Église, tirant d'elle son contenu et sa signification. La célébration liturgique de la mort et de la résurrection du Christ n'est pas une simple commémoration de cet événement, mais elle est son actualisation dans le mystère, pour la vie de chaque chrétien et de toute communauté ecclésiale, pour notre vie. En effet, la foi dans le Christ ressuscité transforme l'existence, en opérant en nous une résurrection continuelle, comme l'écrivait saint Paul aux premiers croyants :

> Jadis vous étiez ténèbres, mais à présent vous êtes lumière dans le Seigneur ; conduisez-vous en enfants de lumière ; car le fruit de la lumière consiste en toute bonté, justice et vérité [Ep 5, 8-9].

Comment pouvons-nous alors faire devenir « vie » la Pâque ? Comment toute notre existence intérieure et extérieure peut-elle assumer une « forme » pascale ? Nous devons partir de la compréhension authentique de la résurrection de Jésus : un tel événement n'est pas un simple retour à la vie précédente, comme il le fut pour Lazare, pour la fille de Jaïre ou pour le jeune de

Naïm, mais c'est quelque chose de complètement nouveau et différent. La résurrection du Christ est l'accès vers une vie non plus soumise à la caducité du temps, une vie plongée dans l'éternité de Dieu. Dans la résurrection de Jésus commence une nouvelle condition du fait d'être hommes, qui éclaire et transforme notre chemin de chaque jour et ouvre un avenir qualitativement différent et nouveau pour toute l'humanité. C'est pourquoi saint Paul non seulement relie de manière inséparable la résurrection des chrétiens à celle de Jésus (voir 1 Co 15, 16.20), mais il indique également comment on doit vivre le mystère pascal dans le quotidien de notre vie.

Dans la Lettre aux Colossiens, il dit :

> Du moment donc que vous êtes ressuscités avec le Christ, recherchez les choses d'en haut, là où se trouve le Christ, assis à la droite de Dieu. Songez aux choses d'en haut, non à celles de la terre [Col 3, 1-2].

À première vue, en lisant ce texte, il pourrait sembler que l'Apôtre entend favoriser le mépris des réalités terrestres, en invitant alors à oublier ce monde de souffrances, d'injustices, de péchés, pour vivre à l'avance dans un paradis céleste. La pensée du « ciel » serait dans ce cas une sorte d'aliénation. Mais pour saisir le véritable sens de ces affirmations pauliniennes, il suffit de ne pas les séparer de leur contexte. L'Apôtre précise très bien ce qu'il entend par « les choses d'en haut », que le chrétien doit rechercher, et « les choses de la terre », dont il doit se garder. Voilà tout d'abord les « choses de la terre » qu'il faut éviter : « Mortifiez donc, écrit saint Paul, vos membres terrestres : fornication, impureté, passion coupable, mauvais désirs, et la cupidité, qui est une idolâtrie » (Col 3, 5-6). Mortifier en nous le désir insatiable de biens matériels, l'égoïsme, racine de tout péché. Donc, lorsque l'Apôtre invite les chrétiens à se détacher avec décision des « choses de la terre », il veut clairement faire comprendre ce qui appartient au « vieil homme » dont le chrétien doit se dépouiller, pour se revêtir du Christ.

De même qu'il a énoncé clairement les choses sur lesquelles il ne faut pas fixer son cœur, saint Paul nous indique tout aussi clairement quelles sont les « choses d'en haut » que le chrétien doit en revanche rechercher et goûter. Elles concernent ce qui appartient à l'« homme nouveau », qui s'est revêtu du Christ une fois pour toutes dans le baptême, mais qui a toujours besoin de se renouveler « à l'image de son Créateur » (Col 3, 10). Voilà comment l'Apôtre des Nations décrit ces « choses d'en haut » :

> Vous donc, les élus de Dieu, ses saints et ses bien-aimés, revêtez des sentiments de tendre compassion, de bienveillance, d'humilité, de douceur, de patience ; supportez-vous les uns les autres et pardonnez-vous mutuellement [...]. Et puis, par-dessus tout, la charité, en laquelle se noue la perfection [Col 3, 12-14].

Saint Paul est donc bien loin d'inviter les chrétiens, chacun de nous, à fuir le monde dans lequel Dieu nous a placés. Il est vrai que nous sommes citoyens d'une autre « cité » dans laquelle se trouve notre véritable patrie, mais nous devons parcourir chaque jour sur terre le chemin vers cet objectif. En participant dès à présent à la vie du Christ ressuscité, nous devons vivre en tant qu'hommes nouveaux dans ce monde, au cœur de la cité terrestre.

Et c'est le chemin non seulement pour nous transformer nous-mêmes, mais pour donner à la cité terrestre un visage nouveau qui favorise le développement de l'homme et de la société selon la logique de la solidarité, de la bonté, dans le respect profond de la dignité propre de chacun. L'Apôtre nous rappelle quelles sont les vertus qui doivent accompagner la vie chrétienne ; au sommet, il y a la charité, à laquelle toutes les autres sont liées comme à la source et à la matrice. Elle résume et englobe « les choses du ciel » : la charité qui, avec la foi et l'espérance, représente la grande règle de vie du chrétien et en définit la nature profonde.

La Pâque apporte donc la nouveauté d'un passage profond et total d'une vie soumise à l'esclavage du péché à une vie de liberté, animée par l'amour, force qui abat toutes les barrières et construit une nouvelle harmonie dans son cœur et dans le rapport avec les autres et avec les choses. Chaque chrétien, de même que chaque communauté, s'il vit l'expérience de ce passage de résurrection, ne peut manquer d'être un ferment nouveau dans le monde, en se donnant sans réserve pour les causes les plus urgentes et les plus justes, comme le démontrent les témoignages des saints à toute époque et en tout lieu. Les attentes de notre temps sont nombreuses également : nous, chrétiens, en croyant fermement que la résurrection du Christ a renouvelé l'homme sans l'exclure du monde dans lequel il construit son histoire, nous devons être les témoins lumineux de cette vie nouvelle que la Pâque nous a apportée. La Pâque est donc un don à accueillir toujours plus profondément dans la foi, pour pouvoir œuvrer dans toutes les situations, avec la grâce du Christ, selon la logique de Dieu, et la logique de l'amour. La lumière de la résurrection du Christ doit pénétrer dans notre monde, doit parvenir comme message de vérité et de vie à tous les hommes à travers notre témoignage quotidien.

Oui, le Christ est vraiment ressuscité ! Nous ne pouvons pas garder uniquement pour nous la vie et la joie qu'il nous a données dans sa Pâque, mais nous devons les donner à ceux que nous approchons. Tel est notre devoir et notre mission : faire renaître dans le cœur du prochain l'espérance là où il y a le désespoir, la joie là où il y a la tristesse, la vie là où il y a la mort. Témoigner chaque jour de la joie du Seigneur ressuscité signifie vivre toujours de

« façon pascale » et faire retentir l'annonce joyeuse que le Christ n'est pas une idée ou un souvenir du passé, mais une Personne qui vit avec nous, pour nous et en nous, et avec Lui, pour Lui et en Lui, nous pouvons faire l'univers nouveau (voir Ap 21, 5).

PAPE FRANÇOIS

Ceux qui pratiquent la miséricorde ne craignent pas la mort

Il existe communément parmi nous une manière erronée de considérer la mort. La mort nous concerne tous, et elle nous interpelle de manière profonde, en particulier quand elle nous touche de près, où quand elle frappe les petits, ceux qui sont sans défense d'une manière qui nous semble « scandaleuse ». J'ai personnellement toujours été frappé par cette question : pourquoi les enfants souffrent-ils ? Pourquoi les enfants meurent-ils ? Si elle est comprise comme la fin de tout, la mort effraie, anéantit, se transforme en une menace qui détruit chaque rêve, chaque perspective, qui brise chaque relation et interrompt chaque chemin. Cela se produit quand nous considérons notre vie comme un temps compris entre deux pôles : la naissance et la mort ; quand nous ne croyons pas à un horizon qui va au-delà de la vie présente ; quand on vit comme si Dieu n'existait pas. Cette conception de la mort est typique de la pensée athée, qui interprète l'existence comme le fait de se trouver par hasard dans le monde et de s'acheminer vers le néant. Mais il existe aussi un athéisme pratique, qui est une manière de vivre uniquement pour ses propres intérêts et de vivre seulement pour les choses terrestres. Si nous nous laissons prendre par cette vision erronée de la mort, nous n'avons pas d'autre choix que celui d'occulter la mort, de la nier, ou de la banaliser, pour qu'elle ne nous fasse pas peur.

Mais le « cœur » de l'homme, le désir d'infini que nous avons tous, la nostalgie de l'éternel que nous avons tous se rebellent devant cette fausse solution. Et alors, quel est le sens chrétien de la mort ? Si nous regardons les moments les plus douloureux de notre vie, quand nous avons perdu une personne chère – nos parents, un frère, une sœur, un conjoint, un enfant, un ami –, nous nous apercevons que, même dans le drame de la perte, même déchirés par le détachement, de notre cœur s'élève la conviction que tout ne peut pas être fini, que le bien donné et reçu n'a pas été inutile. Un instinct puissant existe en nous, qui nous dit que notre vie ne finit pas avec la mort.

Cette soif de vie a trouvé sa réponse réelle et fiable dans la résurrection de Jésus Christ. La résurrection de Jésus ne donne pas seulement la certitude de la vie au-delà de la mort, mais elle illumine également le mystère même de la mort de chacun de nous. En effet, l'Église prie : « Si nous sommes attristés par la certitude de devoir mourir, nous sommes réconfortés par la promesse de l'immortalité future. » Voilà une belle prière de l'Église ! Une personne tend à mourir comme elle a vécu. Si ma vie a été un chemin avec le Seigneur, un chemin de confiance dans son immense miséricorde, je serai préparé à accepter le moment ultime de mon existence terrestre comme l'abandon définitif plein de confiance entre ses mains accueillantes, dans l'attente de contempler face à face son visage. C'est la plus belle chose qui puisse nous arriver : contempler face à face ce visage merveilleux du Seigneur, le voir comme il est, beau, plein de lumière, plein d'amour, plein de tendresse. Nous allons jusqu'à ce point : voir le Seigneur.

Dans cet horizon, on comprend l'invitation de Jésus à être toujours prêts, vigilants, en sachant que la vie dans ce monde nous est donnée également pour préparer l'autre vie, celle avec le Père céleste. Et il existe pour cela une voie sûre : bien se préparer à la mort, en étant proches de

Jésus. Telle est la sécurité : je me prépare à la mort en étant près de Jésus. Et comment fait-on pour être près de Jésus ? Avec la prière, dans les sacrements et aussi dans la pratique de la charité. Rappelons-nous qu'il est présent chez les plus faibles et nécessiteux. Il s'est lui-même identifié à eux, dans la célèbre parabole du jugement dernier, quand il dit :

> Car j'ai eu faim et vous m'avez donné à manger, j'ai eu soif et vous m'avez donné à boire, j'étais un étranger et vous m'avez accueilli, nu et vous m'avez vêtu, malade et vous m'avez visité, prisonnier et vous êtes venus me voir. [...] Dans la mesure où vous l'avez fait à l'un de ces plus petits de mes frères, c'est à moi que vous l'avez fait [Mt 25, 35-36.40].

C'est pourquoi une voie sûre est de retrouver le sens de la charité chrétienne et du partage fraternel, de prendre soin des plaies corporelles et spirituelles de notre prochain. La solidarité, en compatissant à la douleur et en donnant l'espérance, constitue les prémisses et la condition pour recevoir en héritage ce Royaume préparé pour nous. Qui pratique la miséricorde ne craint pas la mort. Pensez bien à cela : qui pratique la miséricorde ne craint pas la mort ! Vous êtes d'accord ? Nous le disons ensemble pour ne pas l'oublier ? Qui pratique la miséricorde ne craint pas la mort. Et pourquoi ne craint-il pas la mort ? Parce qu'il la regarde en face dans les blessures de ses frères, et il la dépasse avec l'amour de Jésus Christ.

Si nous ouvrons la porte de notre vie et de notre cœur à nos frères les plus petits, alors notre mort aussi deviendra une porte qui nous introduira au ciel, dans la patrie bienheureuse, vers laquelle nous nous dirigeons, en souhaitant ardemment demeurer pour toujours avec notre Père, Dieu, avec Jésus, avec la Vierge et avec les saints.

Sources

Tous les passages rassemblés dans ce volume sont issus (avec des adaptations rédactionnelles minimales) des « Catéchèses du mercredi », textes prononcés par le Saint-Père lors des audiences générales. La liste suivante indique le titre original de chaque passage, le lieu et la date de l'audience.

Benoît XVI

« Se fonder sur un "Toi" qui me donne confiance » *(Affidarsi a un « Tu » che mi dona fiducia)*, *Che cosa è la fede*, Place Saint-Pierre, 24 octobre 2012.

« La rationalité de la foi » *(La ragionevolezza della fede)*, Salle Paul VI, 21 novembre 2012.

« Le désir de Dieu » *(Il desiderio di Dio)*, Place Saint-Pierre, 7 novembre 2012.

« La transmission des biens du salut : la Tradition » *(La trasmissione dei beni della salvezza : la Tradizione)*, *La comunione nel tempo : la Tradizione*, Place Saint-Pierre, 26 avril 2006.

« L'âme de la sainteté, c'est la charité pleinement vécue » *(L'anima della santità è la carità pienamente vissuta)*, *La santità*, Place Saint-Pierre, 13 avril 2011.

« Les ponts de la rencontre entre Dieu et es hommes » *(Ponti dell'incontro tra Dio e gli uomini)*, *Munus sanctificandi*, Place Saint-Pierre, 5 mai 2010.

« La prière est un don » *(La preghiera è un dono)*, *La preghiera nelle Lettere di san Paolo*, Place Saint-Pierre, 16 mai 2012.

« Homo sapiens, homo faber, homo religiosus », *L'uomo in preghiera*, Place Saint-Pierre, 11 mai 2011.

« La primauté de la prière et de la Parole de Dieu » *(Il primato della preghiera e della parola di Dio) (Ac 6,1-7)*, Place Saint-Pierre, 25 avril 2012.

« Dieu est Père » *(Dio è padre)*, *Io credo in Dio : il Padre onnipotente*, Salle Paul VI, 30 janvier 2013.

« La maison de Nazareth est une école de prière » *(La casa di Nazaret è una scuola di preghiera)*, *La preghiera e la Santa Famiglia di Nazaret*, Salle Paul VI, 28 décembre 2011.

« La spiritualité conjugale » *(La spiritualità coniugale)*, *Santa Brigida di Svezia*, Place Saint-Pierre, 27 octobre 2010.

« Caritas in veritate », Salle Paul VI, 8 juillet 2009.

« Car éternel est son amour » *(Perché il suo amore è per sempre)*, *Il « Grande Hallel », Salmo 136 (135)*, Place Saint-Pierre, 19 octobre 2011.

« Au service du Père des miséricordes » *(Al servizio del Padre delle misericordie)*, *Santa Chiara d'Assisi*, Salle Paul VI, 15 septembre 2010.

« Gardez-vous des biens de la terre » *(Fate morire ciò che appartiene alla terra)*, *L'ottava di Pasqua*, Place Saint-Pierre, 27 avril 2011.

PAPE FRANÇOIS

« Témoins de la résurrection » *(Testimoni della Risurrezione)*, *Il Credo*, Place Saint-Pierre, 3 avril 2013.

« Les dons du Saint-Esprit : l'intelligence et la science » *(I doni dello Spirito Santo : l'intelletto e la scienza)*, *I doni dello Spirito Santo. L'Intelletto*, Place Saint-Pierre, 30 avril 2014.

« Les dons du Saint-Esprit : l'intelligence et la science » *(I doni dello Spirito Santo : l'intelletto e la scienza), I doni dello Spirito Santo. La Scienza*, Place Saint-Pierre, 21 mai 2014.

« Le fondement de la vie chrétienne » *(Il fondamento della vita cristiana)*, Place Saint-Pierre, 11 avril 2018.

« Dieu forme un peuple » *(Dio forma un popolo)*, Place Saint-Pierre, 18 juin 2014.

« Être saint, ce n'est pas prendre la figure d'une image pieuse » *(Essere santi non è fare la faccia da immaginetta), Universale vocazione alla Santità*, Place Saint-Pierre, 19 novembre 2014.

« La grammaire de base du ministère » *(La grammatica di base del ministero), Santa Madre Chiesa Gerarchica*, Place Saint-Pierre, 5 novembre 2014.

« La grammaire de base du ministère » *(La grammatica di base del ministero), Santa Madre Chiesa Gerarchica*, Place Saint-Pierre, 12 novembre 2014.

« Toujours prier sans vous fatiguer » *(Pregare sempre, senza stancarsi), La preghiera fonte di Misericordia (Lc 18,1-8)*, Place Saint-Pierre, 25 mai 2016.

« Mendier la miséricorde de Dieu » *(Mendicare la misericordia di Dio), La preghiera umile ottiene Misericordia (Lc 18, 9-14)*, Place Saint-Pierre, 1er juin 2016.

« La meilleure part » du temps *(La parte migliore del tempo), La Famiglia. Preghiera*, Place Saint-Pierre, 26 août 2015.

« L'Église est une mère » *(La Chiesa è madre)*, Place Saint-Pierre, 3 septembre 2014.

« L'Église est une mère » *(La Chiesa è madre)*, Place Saint-Pierre, 10 septembre 2014.

« Une famille de banlieue » *(Una famiglia di periferia)*, *La Famiglia. Nazaret*, Place Saint-Pierre, 17 décembre 2014.

« L'amour est plus fort que les moments où l'on se dispute » *(L'amore è più forte del momento in cui si litiga)*, *Il matrimonio*, Place Saint-Pierre, 2 avril 2014.

« Richesse et puissance comme outils de corruption et de mort » *(La ricchezza e il potere come strumenti di corruzione e morte)*, *Misericordia e Potere*, Place Saint-Pierre, 24 février 2016.

« Espérance et miséricorde » *(Eperanza e misericordia)*, *Il perdono divino : motore di speranza*, Salle Paul VI, 9 août 2017.

« Voici, je fais toutes choses nouvelles » (Ecco, io faccio nuove tutte le cose) (Ap 21, 5), novità della speranza cristiana, Salle Paul VI, 23 août 2017.

« Le Bon Samaritain » *(Il buon samaritano)*, *Va' e anche tu fa' così (Lc 10, 25-37)*, Place Saint-Pierre, 27 avril 2016.

« Ceux qui pratiquent la miséricorde ne craignent pas la mort » *(Chi pratica la misericordia non teme la morte)*, *Il Credo. La risurrezione della carne*, Place Saint-Pierre, 27 novembre 2013.

Citations bibliques et documents du Magistère

Abréviations

Ancien Testament

Gn	Genesi
Ex	Exode
Lv	Lévitique
Dt	Deutéronome
1 R	Premier livre des Rois
Is	Isaïe
Jr	Jérémie
Os	Osée
Ps	Psaumes
Sg	Livre de la Sagesse

Nouveau Testament

Mt	Matthieu
Mc	Marc
Lc	Luc
Jn	Jean
Ac	Actes des Apôtres
Rm	Épîtres aux Romains
1 Co	Première Épître aux Corinthiens
2 Co	Seconde Épître aux Corinthiens
Gal	Épître aux Galates
Ep	Épître aux Éphésiens
Ph	Épître aux Philippiens
Col	Épître aux Colossiens
1 Tm	Première épître à Timothée
2 Tm	Seconde épître à Timothée
Tt	Épître à Tite
He	Épître aux Hébreux
1 P	Première épître de Pierre
1 Jn	Première épître de Jean
Ap	Livre de l'Apocalypse

Index

Ancien Testament

NOUVEAU TESTAMENT

DOCUMENTS DU MAGISTÈRE

Table des matières

LA FAMILLE

VÉRITÉ ET JUSTICE, MISÉRICORDE ET AMOUR

Composition : Nord Compo

Achevé d'imprimer en septembre 2020
dans les ateliers de Normandie Roto Impression s.a.s.
61250 Lonrai (Orne)
N° d'impression : 2003776
Dépôt légal : octobre 2020

Imprimé en France